한국생활사박물관
06

— 잊혀진 나라, 잊혀진 삶을 찾아서 —

발 해 · 가 야 생 활 관
LIVING IN THE LOST KINGDOMS

사□계절

한국생활사박물관 편찬위원회

편집인	강응천
연구 · 편집	김영미
기획	(주)사계절출판사
집필	강응천 (발해실)
	함순섭 (가야실)
	송기호 (특강실 1)
	김태식 (특강실 2)
	송호정 (민족사의 흐름)
아트디렉터	김영철
편집디자인	백창훈 · 이정민
일러스트레이션 디렉터	곽영권
일러스트레이션	백남원 · 이선희 · 이진
	이원우 · 이혜원 · 이은홍
사진	손승현
전시관 디자인	김도희
제작	박찬수
교정	이경옥
내용 감수	송기호 (서울대 교수 · 발해사)
	김태식 (홍익대 교수 · 가야사)
기획 감수	최준식 (이화여대 교수 · 종교학)
	오주석 (1956~2005, 전 연세대 겸임교수 · 미술사)
	김봉렬 (한국예술종합학교 교수 · 건축학)
	주영하 (한국학중앙연구원 교수 · 민속학)
	김소현 (배화여대 교수 · 복식사)

일 러 두 기

1. 역사적 사실이나 개연성에 대한 고증과 평가는 학계의
   통설을 기준으로 삼았다.
2. 지명과 인명의 표기는 가급적 중·고등학교 교과서를 따랐다.
3. 외래어 표기는 현지 표기를 존중하는 문화관광부 제정
   '외래어 표기법'과 중·고등학교 교과서를 따랐다.
4. 한자의 사용은 되도록 피하되 꼭 필요한 경우에는 ( ) 안에 넣었다.
5. 생활사의 성격상 곳에 따라 역사적 개연성을 벗어나지 않는
   범위 안에서 가상 인물이나 가상 이야기를 첨가했다.

『한국생활사박물관』 6권 「발해·가야생활관」을 펴내며

발해와 가야는 존재한 시기, 나라의 크기와 성격, 사람들의 구성 등에서 서로 다르다. 그럼에도 불구하고 두 나라는 많은 공통점을 지녔다.

우선 우리는 이 두 나라의 역사를 놓고 외국과 '소유권 분쟁'을 겪어 왔다. 가야가 '고대 일본의 식민지(임나일본부)'였다는 일본의 주장은 우리 민족을 괴롭혀 온 일제 식민사관의 하나로 악명이 높다. 우리 학계와 국민의 노력으로 한풀 꺾이긴 했어도 이 가설은 역사 교과서 왜곡 파동에서 보듯이, 완전히 수그러들지는 않았다. 발해의 경우는 가야처럼 누가 누구를 침략해서 식민지로 삼았느냐 하는 문제는 아니지만, 남북한과 중국·러시아 사이에 그 역사의 귀속을 둘러싸고 민감한 논쟁이 벌어지고 있다.

그러나 발해와 가야의 진짜 공통점은 우리가 이 두 나라에 대해 아는 것이 정말 없다는 사실이다. 외국과 첨예한 논쟁을 벌이는 역사 주제에 대해 아는 게 없다? 언뜻 이해가 안 되는 이 현상은 우리가 근대 민족 국가의 관점에서 역사의 소속을 정하는 데만 신경을 쓴 나머지 그 사회의 객관적 실체를 밝히는 데 소홀했던 탓이기도 하고, 실제로 자료가 없는 탓이기도 하다. 그래서 우리는 발해와 가야를 '한국사의 미아'니 '잊혀진 나라'니 하는 식으로 부르곤 한다.

우리는 민족사의 중요한 부분인 발해와 가야가 이처럼 커다란 빈자리로 계속 남아 있어서는 안 된다고 생각했다. 그래서 가능한 한 모든 사료와 연구 성과를 동원하여 두 '잊혀진 나라'의 삶을 되살리기로 했다. 그 동안 두 나라 역사의 많은 부분이 베일에 가려져 왔던 만큼, 이번 「발해·가야생활관」은 생활사를 중심에 놓으면서도 정치·경제·사회·문화 전반의 다양한 정보를 아울러 제공하고자 했고, 형식면에서도 다양한 내용을 폭넓게 다룰 수 있도록 몇 가지 변화를 꾀했다.

이 책의 서문격인 '민족사의 흐름 속에서 본 발해와 가야'에서는 최신 연구 성과를 반영하여 우리 역사의 흐름을 일목요연하게 정리하고, 그 속에서 발해와 가야가 남기고 있는 과제를 짚어 보았다. 또한 책의 마지막 부분인 '유목민-한국사의 잊혀진 이웃'(국제실)에서는 우리 역사에 끊임없이 출몰하며 우리 조상들과 관계를 맺어 왔는데도 주목받지 못했던 말갈·거란 등 북방 유목민의 역사와 계통을 정리함으로써 우리 역사에 대한 입체적 이해를 꾀하도록 했다.

특히 우리는 독자들이 이 책의 '발해실'과 '가야실' 등에서 발해와 가야가 다른 나라의 역사와 접점을 이루는 부분에 주목하기를 바란다. 발해는 대륙의 여러 나라·여러 민족과 공존했고, 가야는 해양의 여러 세력을 연결해 주는 '동북아시아의 교차로' 역할을 했다. 두 사회를 들여다보면 이러한 공존과 교류 속에 피어난 개방적이고 다양한 문화의 흔적이 엿보인다. 이것은 우리 조상들이 폭넓은 생활권에서 외부 세계와 어울렸던 소중한 경험으로 세계화 시대의 한국인에게 많은 시사를 줄 것이다.

박물관은 옛날의 것, 이미 죽은 것을 전시하는 곳이다. 하지만 박물관이 전시하는 '옛날'은 살아 있어야 한다. 우리는 박물관의 차가운 유리 뒤에서 박제된 주검의 모습을 하고 있는 전시물을 바라보며 생각했다. 해동성국의 얼이 서린 저 발해 벼루가, 가야 장인의 매운 솜씨가 어린 저 철갑옷이 그것을 사용하던 사람들 손에 쥐어져 박물관을 누비고 다니는 모습을 볼 수 있다면, 옛 사람들의 총체적인 생활상을 한 편의 영화처럼 생생하게 들여다볼 수 있다면……

바로 그런 문제 의식에서 기획된 '책 속의 박물관' 『한국생활사박물관』이 이제 여섯째 권을 내게 되었다. 오랜 세월 잊혀졌던 역사에 대한 우리의 도전이 무모했던 것이 아니기를, 그래서 이 책이 발해와 가야를 망각의 늪에서 끄집어내고 우리 민족사를 빠진 부분 없이 체계화하는 데 작은 기여를 하게 되기를 간절히 바란다. 아울러 선사 시대부터 현대에 이르기까지 계속 출간될 『한국생활사박물관』 시리즈에 독자 여러분의 따뜻한 격려와 호된 질책을 함께 기다린다.

2002년 2월 한국생활사박물관 편찬위원회

발해·가야생활관 안내

6
민족사의 흐름 속에서 본 발해와 가야

고조선에서 시작하여 여러 나라로 나뉘어 발전하다가 고려에 이르러 하나의 국가, 하나의 민족 의식 아래 통합된 우리 민족사의 흐름을 살펴보고, 그 속에서 발해와 가야라는 '잊혀진 나라' 가 처한 특수한 위치를 확인한다.

10
발해실
LIFE IN PARHAE

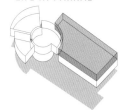

넓은 땅에서 북방의 다른 종족과 어울리며 다채로운 삶을 일구던 발해인, 부여와 고구려의 전통을 이어받은 뒤 점차 독자적인 문화를 이루고 해동성국으로 불릴 만큼 높은 생활 수준을 가꾸어 간 발해인, 당나라·일본 등 여러 나라와 활발한 교류를 펼치던 발해인의 생활 현장으로 안내한다.

46
가야실
LIFE IN KAYA

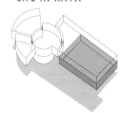

철 산지에 자리잡고 첨단 제철 산업을 발전시킨 가야인, 동북아시아의 교차로에 자리잡고 고대 한·중·일의 교류를 이어 주던 가야인, 새와 고사리를 주제로 한 아름다운 무늬를 창조하고 이를 소재로 한 각종 그릇과 생활 미술품을 남긴 가야인의 삶을 만난다.

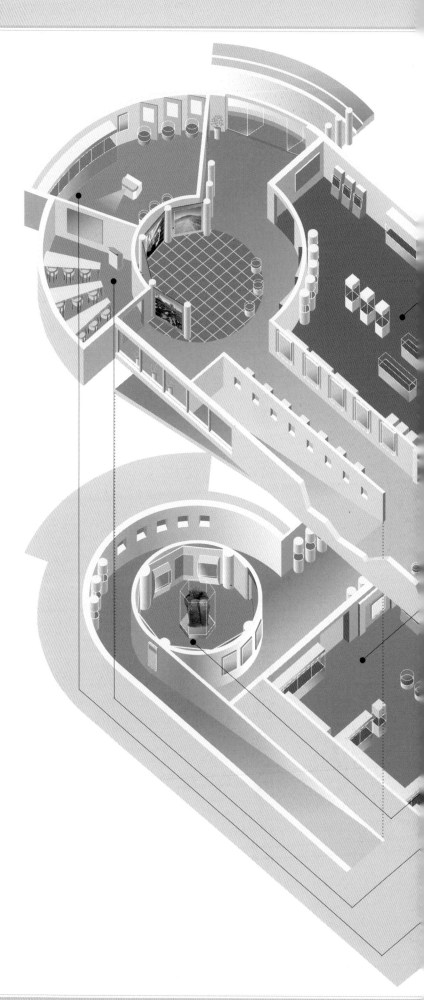

66
가 상 체 험 실
SIMULATION ROOM

철은 고대 사회의 원동력. 가야의 광산에서 철광석을 채취하여 제철소에서 철로 다듬어 내고, 이를 다시 고대 철기 제작 기술의 꽃이던 철갑옷으로 만들어 내는 공정을 따라가며 가야인의 우수한 기술 세계를 체험한다.

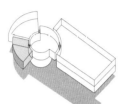

74
특 강 실
LECTURE ROOM

지금까지 살펴본 구체적인 생활상을 바탕으로 좀더 거시적인 주제를 깊이 있게 해설해 준다. 신라가 삼국을 통일한 직후 북쪽에 발해가 건국되었는데, 이 시기를 통일신라 시대라고 부를 수 있는가? 가야가 삼국과 공존한 기간이 삼국만 있었던 기간보다 훨씬 긴데, 신라의 삼국 통일 이전 시대를 통틀어 '삼국 시대'로 부를 수 있는가?

82
국 제 실
INTERNATIONAL EXHIBITION

우리 조상과 함께 발해를 이끌어 갔던 말갈을 비롯해 흉노·돌궐·거란 등 우리 역사에는 수많은 북방 유목민과 그들의 나라가 출몰하면서 우리 민족과 긴밀한 관계를 맺어 왔다. 근대화의 물결이 밀어닥치기 전 오랜 세월 우리의 이웃이었으면서도 지금은 잊혀져간 동아시아 유목민의 계통과 역사를 살펴본다.

58 ■ 가야의 미(美)

● 민족사의 흐름 속에서 본 발해와 가야 ●

오늘날 분단되어 있는 우리 민족의 나라 이름은 각각 조선(북)과 한국(남)이다. 그리고 대외적으로는 Korea(고려)를 쓴다. 이 세 가지 이름은 모두 먼 옛날 우리 조상들이 사용하던 나라 이름이었다. 조선이란 이름은 민족 최초의 국가인 고조선, 한국은 삼한, 고려는 고구려에서 유래했다.

이처럼 서로 다른 이름을 가지고 다른 계통으로 발전해 오던 우리 조상들이 하나의 민족 의식 아래 통합되기 시작한 것은 고려 후기부터였다. 물론 그 이전에 신라와 고려에 의한 정치적 통일이 있었지만, 한 나라 안에 사는 사람들끼리도 저마다 고구려를 계승했느니 백제를 계승했느니 하면서 서로간에 이질감을 씻어내지 못하고 있었다. 그때까지 우리 나라는 '삼한(三韓)'으로도 불렸는데, 이것은 세 개의 서로 다른 한(韓)이 하나의 정치적 통일체 안에 묶여 있다는 뜻이었다. 여기서 삼한은 처음에는 한반도 남쪽의 마한·진한·변한을 가리켰지만, 신라의 삼국 통일 이후로는 고구려·백제·신라를 가리키는 말이 되었다.

그러다가 고려 후기에 몽골의 침략을 겪으면서 이 같은 이질감이 청산되고 '우리는 하나'라는 의식이 생겨나기 시작했는데, 그때 통합의 상징으로 재발견된 것이 '고조선'이었다. 고조선은 삼한 어느 쪽으로도 치우치지 않는 민족 최초의 국가였기 때문에 삼한 분리 의식을 청산하기에 좋은 상징성을 가지고 있었다. 고려 왕조가 망하고 새 왕조가 들어섰을 때 나라 이름을 '조선'이라고 정한 것도 이러한 흐름과 무관하지 않다.

~BC 108

고조선과 민족의 기원_오랜 옛날부터
만주와 한반도에는 '예맥'이라고 불리는 종족이 살았다. 이들이 한국 최초의 국가인 고조선을 세운 집단이다. 그리고 기원전 2세기 초 고조선의 준왕(準王)이 한강 이남으로 옮겨가 한족(韓族)이라고 칭했다.
이후 예·맥·한은 우리 민족을 이루는 기본 종족이 되었다. 그 뒤 서쪽에서 위만을 비롯한 유이민 집단이 들어왔고, 고조선이 팽창하면서 임둔·진번·동옥저 등이 그 세력 속에 들어왔다. 만약 고조선이 더 오래 갔다면 훨씬 큰 '고조선족'이 형성되어 민족의 모태가 되었을 것이다. 그러나 고조선은 한(漢)나라의 침공으로 멸망하면서 더 이상 민족 형성의 구심점이 되지 못했다.
그 후 부여를 비롯해 고구려·백제·신라·가야 등이 고조선 영역의 언저리나 밖에서 태동했다. 그리고 이들 나라가 주변 부족들을 합쳐 나가면서 각각 나름대로 성장하는 과정이 전개되었다.

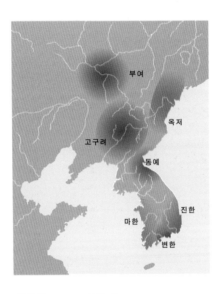

BC 2 세기경 ~ AD 4 세기경

부여와 여러 나라의 발전_부여는 만주
송화강 유역에 자리잡았던 나라인데, 이곳 출신인 주몽 집단이 압록강 일대로 진출해 고구려를 세웠다. 그리고 압록강 유역에 살던 부여족의 일부가 다시 한강 유역으로 내려가 백제 건국의 주도 세력이 되었다. 그래서 백제는 왕실의 성을 부여씨라 했고, 6세기 중반 나라 이름을 '남부여'라고 하기도 했다.
이처럼 부여는 고구려·백제 등 예맥계 국가들이 등장하는 과정에서 모태와 같은 역할을 했다. 고구려를 계승한 발해 역시 대조영이 "부여·옥저·변한·조선의 땅과 바다 북쪽 여러 나라의 땅을 완전히 장악했다"고 한 걸 보면 자기 나라의 기원을 부여에서 찾고 있음을 알 수 있다.
이렇듯 부여 지배층으로부터 떨어져 나온 집단이 고구려와 백제·발해를 건국했다는 점에서, 부여는 우리 나라 고대 국가 발전에 중요한 연원을 이루고, 부여족은 우리 민족을 형성한 주요 종족의 하나로 자리매김된다.

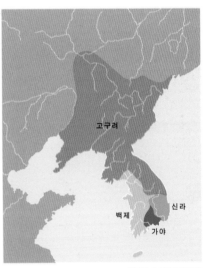

(5세기 초 고구려 전성기)

AD 1 세기경 ~ 668

고구려·백제·신라·가야의 성장_
이 네 나라는 모두 고조선의 외곽에서 성장했다. 압록강 유역의 고구려가 본격적인 정복 전쟁을 벌일 무렵 백제·가야·신라 또한 막 농업 공동체 단계를 벗어나 초기 국가로 진입하고 있었다.
그런데 이 네 나라의 지배층은 하늘에서 내려온 신성한 종족이 자기 나라를 세웠다는 독자적 건국 설화를 갖고 있었다. 고구려의 주몽 설화와 신라의 박혁거세 설화가 그러하다. 즉, 그들은 자기 국가의 연원을 고조선에서 찾지 않고 스스로를 이전에 있던 마한과 진한 등의 후예라고만 생각했다. 그리고 서로 상대방에 대한 강렬한 적개심을 가지고 치열한 영토 전쟁을 수없이 벌여 나갔다. 이러한 항쟁을 보고 외국인은 같은 한(韓)족이 지역을 나누어 대립한다고 생각하여 우리 나라를 '삼한(三韓)'이라고 불렀다. 그리하여 이때부터 삼한은 동아시아에서 우리 나라를 일컫는 대명사로 쓰였다.

그런데 우리 민족이 고조선에서 출발했다가 여러 나라로 갈린 뒤 '삼한'으로 모이고, 그것이 '조선'이란 상징 아래 하나로 통합되는 과정은 몇 가지 숙제를 우리에게 안겨 준다. 통일신라에서 삼한이 고구려·백제·신라를 의미하는 것으로 정리되었을 때, 과연 고구려가 정치적으로나마 제대로 통일신라에 통합되었는가 하는 것이 그 첫 번째이다. 고구려는 만주에서 일어난 부여를 계승한 국가였고 망한 뒤에는 만주 지역에서 발해에 의해 계승되었다. 통일신라에 흡수된 고구려의 영토와 문화는 일부에 지나지 않았다. 나중에 민족 국가를 완성한 고려도 발해를 통합하는 데 실패함으로써 부여-고구려-발해로 이어지는 북방의 전통은 이후의 우리 민족사에 완전히 녹아들지 못했다.

또 한 가지 숙제는 삼한으로 정리되어 가는 우리 고대사에서 과연 변한으로부터 가야로 이어지는 600년 역사 전통을 어떻게 처리해야 하는가이다. 가야가 신라에 흡수된 것은 불과 삼국 통일 100년 전의 일이었다. 그러나 이후의 민족사가 통일 신라 중심으로 정리되는 과정에서 가야의 역사는 철저히 무시된 채 신라사의 일부로만 다루어졌다. 이처럼 고대사의 흐름 속에서 상당 기간 존재했던 중요한 나라이면서도 이후 민족사의 통합 과정에서 잊혀져 간 발해와 가야의 역사를 새로이 조명하고 그 의미를 되새기는 것이 이번 「발해·가야생활관」의 목표이다.

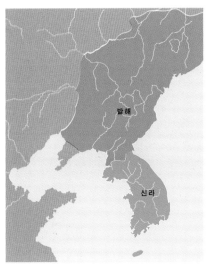

(9세기 발해 전성기)

668~926

신라의 삼국 통일과 남북국_ 신라의
'삼국 통일' 후 신라인에게는 한(韓)의 세 집단을 하나의 나라로 통합했다는 의식이 생겼다. 신문왕 6년(686년)에 세워진 청주 운천동 사적비에는 "삼한의 백성이 합쳐서 땅이 넓어졌다(△民合三韓而廣地)"라는 표현이 나온다. 여기서 삼한은 고구려·백제·신라 3국을 의미한다. 따라서 이 비문에는 신라인이 삼국민 간의 동질성에 바탕을 둔 통일을 이루었다는 자부심이 담겨 있다. 그러나 신라는 통일 과정에서 당 세력을 끌어들이고 고구려의 영토 대부분을 당에게 빼앗기는 한계를 드러냈다. 이러한 한계를 극복하는 과정은 험난했다. 통일 과정에서 외세를 끌어들인 한계는 삼국민이 힘을 합쳐 당 세력을 한반도에서 쫓아냄으로써 해결했고, 고구려 옛 땅은 대조영이 발해를 세워 되찾았다. 그리하여 통일신라와 발해가 남북에 걸쳐 공존하면서 대립하기도 하는 남북국 시대가 시작되었다.

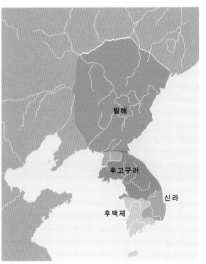

(10세기 초 발해 멸망 전)

892~936

후삼국의 분열_ 신라는 삼국을 통일했지만
정치의 주도권은 여전히 진골 귀족에게 집중되어 있었다. 따라서 정치적으로 소외된 고구려·백제 유민은 신라와 자신은 뿌리가 다르다는 독자적인 역사 계승 의식을 가지고 있었다. 신라 말기에 농민 봉기가 일어났을 때, 저마다 고구려의 후예, 백제의 후예를 자처한 데는 이런 배경이 있었다. 후고구려·후백제·신라의 후삼국은 이러한 분열 요인이 현실화된 결과였다. 고려가 이 같은 후삼국을 통일한 것은 우리 민족의 형성에서 중요한 의의를 갖는다. 고려는 호족들의 연합 정권으로 성립하여 정치 참여의 폭을 크게 확대했다. 거기에 당시 고려 인구의 5%가 넘는 발해인이 합류해 왔다. 이것은 발해인이 고구려계라는 점말고도 외부로부터 그만큼 큰 규모의 인구가 들어온 적이 없었다는 점에서 의미를 지닌다. 그러나 발해가 끝내 통일 대상이 되지 못했다는 것은 우리 고대사가 막을 내리는 시점에서 가장 아쉬운 부분이다.

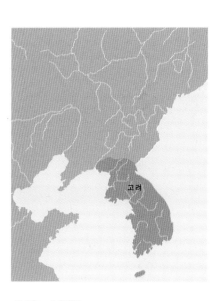

918~1392

고려 시대_ 고조선 시대 이래 명멸해 온 고대의
여러 나라들이 정리되고 발해 유민도 포섭되어 명실공히 1민족 1국가 체제가 갖추어졌다. 그러나 삼국마다 각기 자신의 조상이 있다는 분립적 역사 계승 의식은 여전히 고려인 의식의 밑바탕에 끈끈히 남아 있었다. 삼국별 역사 계승 의식은 그 중 어느 나라가 고려의 정통이냐 하는 시비로 나타났고, 고려 중기 혼란기에는 반란군이 각각 신라 부흥·백제 부흥·고구려 부흥을 내세우는 형태로 나타났다. 이러한 분립적 역사 계승 의식은 고려 후기 들어 청산되었다. 30여 년에 걸친 대몽골 항쟁 속에서 고양된 민족 의식이 낡은 역사의 잔재를 녹여 버렸던 것이다. 그러면서 고조선에 대한 강렬한 재인식이 이루어졌다. 단군은 하나의 뿌리를 가진 민족의 상징으로, 고조선은 민족사의 기원으로 확고히 인식되었다. 그리고 이러한 인식이 1392년 새로운 왕조의 국호인 '조선'으로 나타나게 된 것이라 할 수 있다.

발 해 · 가 야 생 활 관

발해 연표

668
고구려 멸망.

698
대조영, 동모산에서 진국(振國)을 세움.

713
당나라, 대조영을 '발해군왕'으로 책봉.

727
발해, 일본에 첫 사신을 보내 '발해가 고구려와 부여를 계승했음'을 밝힘.

732
장문휴 장군, 당나라 덩저우를 공격.

733
신라, 당의 요청으로 발해 남쪽을 공격했으나 성과 없이 물러남.

756
당나라, 안녹산의 난을 피해 상경성으로 천도.

771
일본에 7차 사신 일만복을 보냄. 이때 국서에서 발해가
'천손의 나라'임을 선언하고 발해와 일본의 관계를
장인과 사위의 관계로 규정.

776
일본으로 가는 9차 사신 사도몽, 남해부 토호포에서 출발.

777
문왕의 둘째 딸 정혜 공주, 사망하여 3년상을 치르고
780년에 장사 지냄.

790
신라, 백어(伯魚)를 발해에 사신으로 파견.

792
문왕의 넷째 딸 정효 공주, 6월에 사망하여 그 해 11월 장사 지냄.

798
일본에 14차 사신 대창태를 보냄. 국서에서
"교화를 따르는 부지런한 마음은 고씨에게서 그 발자취를
찾을 수 있다"고 하여 고구려를 계승했음을 밝힘.

818~820
발해, 신라 방면과 요동 방면을 공격.

828
일본, 발해 사신과의 사사로운 교역을 금지.

834
훗날 『발해국기』를 쓴 당나라 사신 장건장,
발해에 도착하여 이듬해에 돌아감.

841
일본에 24차 사신 하복연을 보냄.
이때 보낸 발해 중대성 문서의 사본이 일본에 남아 있음.

840년대 후반
발해인이 당나라 빈공과에 급제하기 시작.

859
26차 발해 사신 오효신이 일본에 장경선명력을 전해
일본에서 1684년까지 사용.

872
오소도, 당 빈공과에서 장원 급제. 이때 신라의 이동도 동반 급제.

906
오소도의 아들 오광찬, 신라인 최언위와 함께 당나라 빈공과에 급제.

925
장군 신덕 등 500명이 고려로 옴.
이때부터 발해인의 고려 망명이 시작됨.

926
발해, 거란에 멸망당함.

전시 PART I

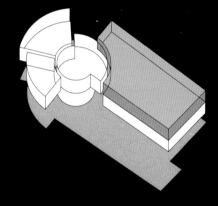

10
발 해 실
LIFE IN PARHAE

발해인은 우리 역사상 가장 넓은 영토를 개척하고 수준 높은 문화를 이룩한 자랑스러운 우리 조상입니다. 그러나 그들은 나라를 잃은 뒤 곧 우리 역사에서 잊혀져 간 비운의 조상이기도 합니다. 여기서는 두 가지 방식으로 그들의 자취를 살펴보고 그 삶이 우리 역사에서 갖는 의미를 되새깁니다.

먼저 도입부인 '발해를 찾아서'에서는 발해의 유적과 유물을 현장 답사하면서 분단된 나라의 남쪽 땅에 사는 우리에게 북녘 저 먼 곳에서 펼쳐졌던 발해인의 역사가 갖는 의미를 살펴봅니다. 그 다음 '발해실'에서는 넓은 땅에서 북방의 다른 종족과 어울려 살며 다채로운 삶을 일구던 발해인, 부여와 고구려의 전통을 이어받은 뒤 점차 독자적인 문화를 이루고 해동성국으로 불릴 만큼 높은 생활 수준을 가꾸어 간 발해인, 당나라 · 일본 등 여러 나라와 활발한 교류를 펼치던 발해인의 생활 현장으로 독자를 안내합니다.

발해를 찾아서

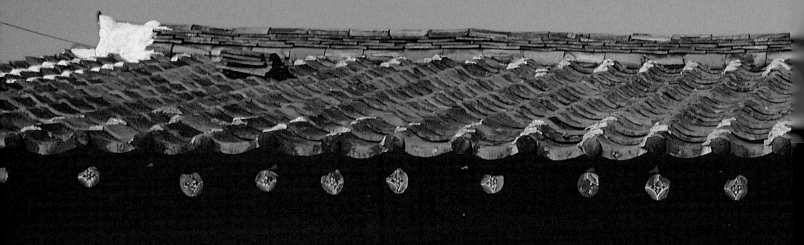

In Search of Parhae

경상북도 경산시 남천면 송백리. 이곳 마을 사당 앞에 영순 태씨 집안이 모였다. 만주 벌판을 호령했던 거대한 나라 발해의 삶을 찾아가는 마당에 조그만 시골 마을은 무엇이고, 순박한 시골 사람들은 도대체 무엇인가? 이런 의문이 들었다면 이들의 얼굴을 자세히 보라. 그들의 직계 조상은 발해를 다스리던 왕족이었으니, 그 얼굴 어딘가에 발해 건국자 대조영의 인상이 서려 있을지도 모른다. 웅장한 주제와 소박한 정경의 어울리지 않은 만남. 여기에 오늘날 대한민국에서 '발해'가 처한 현주소가 있다. 발해는 우리 역사에서 가장 컸던 나라지만, 또한 우리 역사에서 우리가 가장 조금 알고 있는 나라이다. 무엇보다 대한민국에는 발해의 자취가 없다. 여기 이 작은 사람들이 우리가 이 땅에서 만날 수 있는 발해의 최대값이다. 이런 현실에서 도대체 발해는 우리에게 무엇인가? 이 의문을 풀기 위해서 우리는 애써 이 땅을 넘어 먼 길을 에둘러 가야 한다. 발해를 찾아서.

낯선 발해

옛 발해의 동쪽 서울(東京) 부근에 있는 중국의 국경 도시 투먼(圖們:위 사진). 그 옛날 이곳을 오가던 발해 사람들은 간데없고 지금은 오성홍기(중국의 국기)만 휘날리고 있다. 그 시절에는 이 도시도 발해, 이 도시의 남쪽도 발해, 동쪽도 발해였지만 지금은 남쪽으로 북한, 동쪽으로 러시아가 각각 국경 검문소를 설치해 놓고 있다.

옛날 발해인의 함성이 울려퍼지던 러시아 연해주의 중심 도시 하바로프스크(오른쪽 위 사진). 발해의 특산물인 담비 가죽을 말에다 가득 싣고 이곳을 지나 북쪽으로 뻗은 '담비의 길'로 나아가던 발해 사람들은 간데없고 금발의 백인 처녀만 열심히 기차를 닦고 있다. 시베리아로 뻗었다는 '담비의 길' 위로는 지금 시베리아 횡단 철도가 달리고 또 달려서 우랄 산맥 넘어 모스크바까지 들어가고 있다.

낯선 거리, 낯선 사람들을 보고 있노라면 이곳에 우리 조상들의 나라가 있었다는 사실마저 낯설게 느껴진다. 심지어는 '발해'도 이들 지역에서는 '보하이(중국어 표기는 渤海, 러시아어 표기는 БОХАЙ)'로 바뀐다. 그 보하이는 중국 사람들에게 "당나라 때 둥베이(東北) 지방의 소수 민족 정권"으로, 러시아 사람들에게는 "러시아 소수 민족 나나이족의 조상 나라"로 알려져 있다.

이 낯선 발해를 어찌할 것인가? 저 오성홍기와 시베리아 횡단 열차는 다 가짜이고 이곳은 본래 우리 땅이었으니 모두 내놓으라고 할 것인가? 현실성은 그만두고라도 2천 년 전의 연고권을 내세워 팔레스타인으로 밀고 들어간 이스라엘이 현재 그곳에서 어떤 분란을 일으키고 있는지를 생각하자. 우리가 살 땅이 모자라서 남의 땅이 된 곳을 넘보려고 발해를 찾아 나선 것은 아니다. 이 낯선 땅에서 진짜 발해를 찾으려면 눈을 더 크게 뜨고 귀를 더 쫑긋 세워야 하리라.

동모산에서 찾은 발해

대조영이 발해를 건국한 동모산. 이곳에서 탁 트인 사방의 벌판을 바라보니 문득 떠오르는 200년 전의 어떤 외침이 있다.

"무릇 부녀자가 보고 듣는 것은 용마루를 넘지 못하고, 어린아이가 노는 곳은 겨우 문지방에 미칠 뿐이니, 담장 밖의 일을 말하기가 어려운 법이다. 우리 나라 선비들이 신라 9주 안에서 태어나 그 바깥의 일에 대해서는 눈과 귀를 틀어막아 버리고, 또한 한나라와 당나라, 송나라, 명나라의 흥망과 전쟁에 관한 일도 알지 못하니, 어찌 발해의 역사를 알 수 있겠는가?"(박제가)

200년 전에 비해 여성들이 보고 듣는 것은 엄청나게 많아졌으나 우리 나라 지식인들이 발해의 역사를 알지 못하고 알려고도 하지 않는 것은 그때나 지금이나 똑같다. 저 멀리 대릉하 넘어 영주라는 곳에서 막강한 당나라군에게 쫓기며 이곳까지 1000km의 대탈주를 감행한 대조영의 정신은 박제가의 외침과 함께 이

동모산에서 바라본 옛 발해 땅 : 사진 아래 부분에 동모산성의 성벽이 있고 그 앞으로 들판이 펼쳐져 있다.

동모산 : 발해 건국의 요람. 산 정상에 2km 둘레의 산성을 쌓고 추격해 오는 당나라 군대를 물리쳤다. 현지에서는 '청산쯔산(城山子山)' 이라고 부르는데, 이것은 산 위에 성터가 남아 있기 때문에 붙은 이름이다.

허허로운 벌판에서 외로이 맴돌고 있다.

대조영의 정신은 무엇일까? 그것은 설령 1000km를 달리다가 죽더라도 남의 노예가 되기는 싫다는 '자주성'이다. 대조영 같은 고구려 장군 출신이면 세계 최강이었던 당나라에서 그럭저럭 대접받으며 살 수도 있었을 것이다. 그렇지만 그는 뛰쳐나와 고구려를 부활시켰다. 우리 역사에는 '고려(고구려도 이렇게 불렸다)' 라는 이름을 내건 나라가 줄잡아 다섯은 있었다. 그 이름이 가진 의미는 동북아시아의 호랑이였던 고구려를 계승하겠다는 의식, 외세의 부당한 침략에 대한 저항, 내가 이 세상의 중심이라는 옹골찬 자존심, 허름하게 살더라도 내 땅에서 내 나라를 이루고 살겠다는 독립 정신 등등이다.

발해 영토의 상당 부분이 남의 땅이 되었다고 해서 그 정신마저 내줄 수는 없다. 그 정신은 역사 속에 녹아 있다. 우리는 발해를 찾고 그 역사를 찾아야 한다.

연해주와 만주에서 발해 찾기 : 웃통을 벗어붙인 러시아 연구자와 학생들이 열심히 발해 마리야노프카 유적을 발굴하고 있다(위 사진). 이 학생들은 실습 차원에서 발해 유적 발굴 현장에서 땀을 흘리고 있는 것이다. 그 아래 '발해국(渤海國) 상경성(上京城) 유지(遺址) 가산지(假山址)'라고 새겨진 비문이 발해의 왕경 터를 쓸쓸히 지키고 있다. '가산지'란 발해 때 인공 호수를 판 흙을 쌓아 만든 인공 산을 말한다.

상 경 성 에 서 찾 은 발 해

가장 오랫동안 발해의 수도였던 상경성은 현재 발해 지역이 남의 땅이 된 데 따른 후유증을 그대로 드러낸 몰골을 하고 있다.

상경성은 그 시대에 동아시아에서 두 번째 가던 큰 도시였다. 그러나 당시 첫 번째 도시였던 당나라의 장안성이 현재 아주 작은 길까지 세밀하게 재현되어 있는 반면(연개소문의 아들인 천남생이 살던 집의 주소까지 있다!), 우리 역사상 가장 큰 도성이었을 상경성은 이처럼 아직도 깨진 기왓장만 널브러진 상태로 남아 있다.

발해는 한국사의 일부로서는 '역사상 가장 넓은 영토를 지녔던 나라'로 어깨를 으쓱하지만, 중국 땅이 된 지금 그 나라 사람들은 발해를 '일개 지방 정권'으로 치부하고 있을 뿐이다.

그 무대가 남의 땅이 되었다고 해서 우리 역사를 우리가 찾지 않으면 그 나라 사람들이 신경 써서 찾아 줄 리 없다. 그 나라가 좋은 나라이든 나쁜 나라이든. 천년 동안 잊혀졌던 발해의 유물들은 흙 속을 헤치고 나온 상경성의 기와처럼 곳곳에서 모습을 드러내고 있다. 그것들에 더 가까이 귀를 기울이고 그것들이 하는 말을 더 잘 들을 수 있는 사람은 우리이다. 저 기왓장은 말한다. 발해를 꿈꾸지만 말고 이곳에 다가와 자기를 일으켜 세우기 위해서 애써 보라고.

발 해 는 살 아 있 다

그의 이름은 리계용(위 사진). 중국 동포로서 발해 왕족이 묻혀 있는 삼릉둔 유적을 발굴하는 데 참여했던 그는 나이가 예순을 넘긴 요즘도 여전히 발해 유적을 관리하고 있다. 그의 구릿빛 얼굴을 닮은 우리 조상들이 1천여 년 전 이곳에서 스물네 개의 주춧돌(오른쪽 작은 사진)을 놓고 고구려의 광개토대왕릉비와 같은 높이의 석등(오른쪽 사진)과 우람한 사원을 쌓아 올렸을 것이다.

1930년대부터 시작된 한·중·일·러의 다국적 발굴이 발해의 참모습을 온전히 밝혀 내려면 아직 멀었지만, 적어도 발해를 죽고 잊혀진 나라에서 서서히 살아나는 나라로 바꾸어 놓은 것만은 분명하다. 남북한의 하나 된 노력과 국제적인 협력이 있을 때 발해는 저 석등처럼 힘찬 모습으로 우리 앞에 우뚝 설 것이다.

발해 석등의 웅장한 모습 : 발해 수도였던 상경성의 절터에 우뚝 선 석등.
현무암으로 만든 이 석등에 새겨진 연꽃 무늬는 부조가 강하고 힘차다.
없어진 상륜부 일부를 포함해 원래 높이는 6.4m로 세계에서
가장 높은 비석이라는 광개토대왕릉비(6.39m)와 거의 같다.
또한 같은 시대 신라의 화엄사 각황전 석등(6.36m. 국보 12호)과도
쌍벽을 이룬다.

하나의 한반도, 세계 속의 한반도를 위하여

투먼에서 두만강 건너 남녘 땅을 바라본다. 저 다리 한가운데 그어진 하얀 선을 넘어갔을 때 다다르는 나라는 이상한 나라이다. 우리 나라지만 갈 수 없는 나라. 발해는 저 하얀 선도 무시하고 남쪽으로 쭉 이어져 있었는데……. 육체의 눈으로는 보이지 않지만 마음의 눈으로 저 멀리 한탄강 남쪽에서 이쪽을 응시하는 남한의 음악가들이 보인다. 그들은 노래한다. "…… 언젠가 나의 작은 땅에 경계선이 사라지는 날 / 많은 사람이 마음 속에 희망들을 가득 담겠지. / 난 지금 평화와 사랑을 바래요……"(서태지와 아이들).

남북 통일을 기원하는 그 노래의 제목이 왜 '발해를 꿈꾸며'인지 이곳 발해 땅에서 새삼 되새기게 된다. 남한만이, 대한민국만이 우리의 조국인 한 발해는 우리와 그다지 인연이 없는 나라이다. 발해 땅은 여기서 두만강 건너 북한 땅 어느 지점까지만 내려갔고 휴전선 이남과는 관계가 없었기 때문이다. 이 지점에서 우

20

라는 발해가 오늘 우리에게 무엇인가라는 질문에 대한 한 가지 대답을 찾는다. 그것은 "하나의 한반도"라는 것이다. 발해는 남북한이 하나가 될 때 우리에게 비로소 제대로 드러나 보이는 존재이다.

또한 발해에서는 중국과 북한 사이의 경계선, 북한과 러시아 사이의 경계선, 중국과 러시아 사이의 경계선이 모두 의미가 없었다. 그곳에서 우리 조상들은 동 북아시아의 다른 종족들과 함께 어울러 살았다. 휴전선과 3면의 바다에 둘러싸인 채 세상을 모르고 자기 역사의 큰 부분마저 잊고 있었던 현대 한국인의 좁은 심성이 그들에게는 낯선 것이었다. 따라서 발해는 잔뜩 웅크렸던 한국인이 가슴을 펴고 대륙의 여러 나라, 여러 민족과 손을 잡고 공존할 수 있다는 역사적인 경험 사례를 제공해 준다. 발해는 우리에게 무엇인가. 그 두 번째 대답은 "세계 속의 한반도"라는 것이다.

발 해 실

LIFE IN
PARHAE

고구려에서 발해로 - 춥고 길었던 30년을 넘어서 -

서기 668년, 고구려가 망했다.

700년 간 동북아시아의 호랑이로 군림해 왔던 고구려의 멸망은 당나라가

동아시아의 유일한 중심으로 자리잡는 과정의 마지막 수순이었다.

다양하고 개성적인 문화를 일구며 호방하게 살아가던 고구려인에게 춥고 어두운 시련이

밀어닥쳤다. 평양성을 함락시킨 당나라는 유력한 고구려인 3만 8천 2백여 호를 자기 나라 남부와

서부로 강제 이주시켰다. 그리고 평양에는 안동도호부를 세우고 고구려 전역에

9도독부 42주 100현을 설치하여 직접 통치의 기반을 닦았다.

그러나 녹록하게 남의 지배를 받아들일 고구려인은 아니었다. 670년 고구려 유민들은

한성(황해도 재령)에 모여 검모잠과 안승을 중심으로 부활의 깃발을 높이 들었다. 이듬해에는

당나라를 몰아내는 데 이해 관계를 같이하는 신라와 연합군을 결성하여 요동 반도로 진격,

당나라군과 격전을 벌이기도 했다.

당나라의 수도인 장안(長安)으로 끌려갔던 고구려의 마지막 왕 보장왕도 가만히 있지 않았다.

677년 그에게 요동 지역 고구려 유민을 통치하는 임무가 맡겨지자, 그곳에서 보장왕은

고구려인과 말갈인을 끌어모아 고구려 부흥 운동을 일으켰다.

당나라도 어렵게 제거했던 고구려가 부활하는 것을 그냥 두고 볼 수는 없었다.

당나라는 한성의 고구려 부흥군을 안시성에서 패퇴시키고 잇단 전투를 승리로 이끌어

안승 세력을 신라 영토로 밀어냈다. 또 보장왕을 붙잡아 중국 남서부로 유배시키고

그곳에서 영욕이 교차한 삶을 마감하게 했다.

보장왕의 후손들에게는 '고려조선군왕' 이라는 상징적인 작위만을 내린 채 장안에 유폐시켰다.

그것으로 끝이었을까? 중국의 여걸 측천무후는 그렇게 믿었을 것이다. 그러나 만주 벌과

장백 산맥에 드리운 고구려의 그림자는 깊고도 컸다. 7세기가 저물어 가던 698년,

요동 벌을 뒤흔드는 고구려 부활의 함성이 당나라 유일 천하에 크나큰 균열을 가져왔다.

그 주인공은 영주 지역에 끌려갔던 고구려 장군 대조영, 그리고 그를 따르는

고구려인과 말갈인이었다. 그들은 반란을 일으킨 뒤 대릉하를 건너 추격해 오는 당나라군을

천문령에서 크게 물리치고 동모산에 새 고구려 건설의 깃발을 올렸다.

고구려가 망한 지 꼭 30년 만의 일이었다.

◀ **만주와 연해주를 가르는 우수리 강** : 가로로 흐르는 우수리 강(유역 면적 18만 7000km², 길이 909km) 을 경계로
위쪽이 서쪽인 중국, 아래가 동쪽인 러시아이다. 발해는 고구려를 계승하면서 그 영토를 우수리 강 넘어 동쪽으로 더욱 넓혔다.
이 강은 1860년 베이징조약에 의해 중국과 러시아의 경계가 되었으나, 옛날에는 그 동쪽과 서쪽이 모두 발해의 영토였다.

발해의 미(美)

발해의 중심지는 고구려 영역에 속하지 않았고 이렇다 할 독자적인
문화 전통도 없었던 곳이다. 그곳에 강서대묘의 사신도 벽화로 상징되는 씩씩한
예술혼의 주인공, 고구려인이 들어왔다. 그리고 곧 옛 고구려 지역을 되찾았다.
자연히 발해의 예술은 강력한 고구려의 전통 위에서 성장할 수밖에 없었다.
불교 미술이나 건축 미술 등에서 그러한 전통을 뚜렷이 확인할 수 있다.
그러나 정효 공주 무덤에서 확인한 것처럼 미술을 비롯한 발해 문화 전체를 고구려의
영향 속에서만 보는 것은 잘못이다. 발해는 고구려를 계승한 것이지 복제한 것은
아니기 때문이다. 발해인이 시대의 발전에 따라 다양한 외래 요소를 혼합하여
녹자적인 미학을 창조했다는 것은 얼마 남아 있지 않은 몇 점의 유물만으로도
확인할 수 있다. 그것은 한편으로는 차가운 대륙을 딛고 살아가는 사람들다운
우악스러움을 보여 주면서도 다른 한편 너그럽고 안온한 미소와 은근한
유머 감각을 잃지 않은 따뜻함을 간직하고 있다.

고구려   발해

백제   신라

◀ **발해와 삼국의 수막새 기와**
발해 집들의 지붕을 장식하는
막새 기와(瓦當)의 무늬는 대부분
연꽃이다. 연꽃잎을 배치한 막새 기와는
고구려·백제·신라에서 특징적으로
발달했는데, 발해의 막새 기와는
고구려 것을 계승했다.
당시 지붕에 기와를 이었던 건물은
궁전·관청·절이었다. 따라서 막새 기와가
고구려적이었다는 것은 지배층에
고구려인이 많았거나 적어도 건축을
담당한 장인들이 고구려로부터
들어온 것을 의미한다.

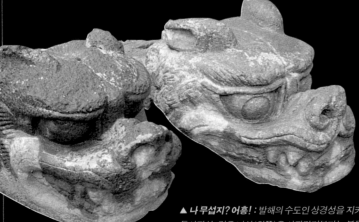

▲ **나 무섭지? 어흥!** : 발해의 수도인 상경성을 지키던 한 쌍의
돌사자상. 검은 녀석(왼쪽)은 사자라기보다는 불독처럼 험상궂은
표정으로 금방이라도 달려들어 물어뜯을 것처럼 노려보고,
흰 녀석은 저승사자처럼 음산한 표정으로 으르렁거리고 있다.
발해인의 우악스러움을 이보다 잘 표현한 것이 있을까?

▶ **백두산에 우뚝 선 발해의 탑**
중국 창바이(長白) 조선족 자치현 오지에서 있는
5층 벽돌탑. 1층 4면에 '왕(王)', '립(立)', '국(國)',
'토(土)' 라는 글자 모양의 벽돌 무늬가 있다.
이 글자대로라면 발해 왕실이 불교와 밀착되어
있었음을 짐작할 수 있다.
1944년 탑을 보수할 때 지하에 지궁(地宮)이라는
무덤칸이 마련되어 있음이 확인되었다.
1908년 장봉대라는 사람이 노나라
영광전(靈光殿)처럼 오랜 풍상을 이기며
의연하게 남아 있다고
적은 뒤로 역사적 유래와
관계없이
영광탑이란 이름이
붙게 되었다.
평면이 사각형이고
높이는 13m.

발 해 실

LIFE IN
PARHAE

고구려에서 발해로 - 춥고 길었던 30년을 넘어서 -

서기 668년, 고구려가 망했다.

700년 간 동북아시아의 호랑이로 군림해 왔던 고구려의 멸망은 당나라가
동아시아의 유일한 중심으로 자리잡는 과정의 마지막 수순이었다.

다양하고 개성적인 문화를 일구며 호방하게 살아가던 고구려인에게 춥고 어두운 시련이
밀어닥쳤다. 평양성을 함락시킨 당나라는 유력한 고구려인 3만 8천 2백여 호를 자기 나라 남부와
서부로 강제 이주시켰다. 그리고 평양에는 안동도호부를 세우고 고구려 전역에
9도독부 42주 100현을 설치하여 직접 통치의 기반을 닦았다.

그러나 녹록하게 남의 지배를 받아들일 고구려인은 아니었다. 670년 고구려 유민들은
한성(황해도 재령)에 모여 검모잠과 안승을 중심으로 부활의 깃발을 높이 들었다. 이듬해에는
당나라를 몰아내는 데 이해 관계를 같이하는 신라와 연합군을 결성하여 요동 반도로 진격,
당나라군과 격전을 벌이기도 했다.

당나라의 수도인 장안(長安)으로 끌려갔던 고구려의 마지막 왕 보장왕도 가만히 있지 않았다.
677년 그에게 요동 지역 고구려 유민을 통치하는 임무가 맡겨지자, 그곳에서 보장왕은
고구려인과 말갈인을 끌어모아 고구려 부흥 운동을 일으켰다.

당나라도 어렵게 제거했던 고구려가 부활하는 것을 그냥 두고 볼 수는 없었다.

당나라는 한성의 고구려 부흥군을 안시성에서 패퇴시키고 잇단 전투를 승리로 이끌어
안승 세력을 신라 영토로 밀어냈다. 또 보장왕을 붙잡아 중국 남서부로 유배시키고
그곳에서 영욕이 교차한 삶을 마감하게 했다.

보장왕의 후손들에게는 '고려조선군왕'이라는 상징적인 작위만을 내린 채 장안에 유폐시켰다.
그것으로 끝이었을까? 중국의 여걸 측천무후는 그렇게 믿었을 것이다. 그러나 만주 벌과
장백 산맥에 드리운 고구려의 그림자는 깊고도 컸다. 7세기가 저물어 가던 698년,
요동 벌을 뒤흔드는 고구려 부활의 함성이 당나라 유일 천하에 크나큰 균열을 가져왔다.
그 주인공은 영주 지역에 끌려갔던 고구려 장군 대조영, 그리고 그를 따르는
고구려인과 말갈인이었다. 그들은 반란을 일으킨 뒤 대릉하를 건너 추격해 오는 당나라군을
천문령에서 크게 물리치고 동모산에 새 고구려 건설의 깃발을 올렸다.
고구려가 망한 지 꼭 30년 만의 일이었다.

◀ **만주와 연해주를 가르는 우수리 강** : 가로로 흐르는 우수리 강(유역 면적 18만 7000km², 길이 909km) 을 경계로
위쪽이 서쪽인 중국, 아래가 동쪽인 러시아이다. 발해는 고구려를 계승하면서 그 영토를 우수리 강 넘어 동쪽으로 더욱 넓혔다.
이 강은 1860년 베이징조약에 의해 중국과 러시아의 경계가 되었으나, 옛날에는 그 동쪽과 서쪽이 모두 발해의 영토였다.

하늘 끝에서 땅 끝까지

──┤ 다종족 발해인의 다양한 삶 ├──

『신당서』 발해전에 따르면 발해의 영토는 '사방 5천 리'. 지금의 척도로 따지면 무려 625만km², 한반도의 30배에 이른다. 물론 과장된 수치이지만, 적어도 우리 역사상 가장 넓었던 것만은 틀림없는 이 나라에서는 한국인의 조상인 고구려인과 만주인의 조상인 말갈인이 중심이 되어 넓은 땅만큼이나 다양한 삶을 일구고 있었다.

조선 후기의 명문장가 박제가는 발해의 옛 영토를 지나면서 그 감회를 박진감 넘치는 문체로 다음과 같이 적고 있다.

"일찍이 서쪽으로 압록강을 건너서 애양을 지나 요양에 이른 적이 있는데, 그 사이 오륙백 리 길이 모두 큰 산과 깊은 골짜기였다. 낭자산을 나오면서 비로소 끝없는 평원이 드넓게 펼쳐져 있고, 해와 달과 나는 새가 들판의 안개 속에서 오르내리는 것을 볼 수 있었다. 다시 동북쪽으로 고개를 돌리니 뭇 산들이 하늘을 두르고 땅을 막아 서면서 마치 '한 일(一)' 자를 그은 것처럼 가지런히 뻗어 있었으니, 앞서 큰 산과 깊은 골짜기라 한 곳이 바로 요동 1천 리의 바깥 울타리였던 셈이다. 이에 한숨 지으며 '여기가 하늘의 끝이로구나!' 하고 탄식하였다"(유득공, 『발해고』에 실린 박제가의 서문).

그 '하늘의 끝'에서 동쪽으로 쑥 들어간 곳에 발해의 수도가 있고, 이곳에서 한 사나이가 성문을 박차고 나와 다시 동쪽으로 말을 달린다. 때는 8세기의 어느 겨울. 사내는 동해 바닷가 '땅 끝'까지 5천 리에 이르는 광대한 영토의 주인, 신흥 대국 발해의 전령이었다.

청동 부절의 비밀 ● 발해의 약동하는 기운을 한 몸에 품고 목단강과 솔빈강 일대의 대평원을 달리는 전령의 허리춤에는 '합동(合同)'이란 글자의 반쪽을 새긴 물고기 모양의 청동 부절이 고이 간직되어 있었다.

한편 '땅 끝'에 자리잡은 정리부의 눈 덮인 정주성*에서는 또 한 사나이가 똑같은 모양의 부절을 손에 쥐고 만지작거리면서 누군가를 기다리고 있었다. 그의 부절 윗면에는 '좌효위장군(左驍衛將軍) 섭리계(聶利計)'라

는 글자가 선명하게 새겨져 있었다. 섭리계. 그는 이 변방의 성을 지키는 발해 장군으로 오랜 세월 주변 부족들과 싸움을 벌이며 영토를 개척해 왔다. 그의 희끗희끗해진 머리칼과 구레나룻은 그가 지내 온 세월이 결코 만만치 않았음을 웅변해 주고 있었다.

이윽고 '하늘 끝'에서 온 사내가 '땅 끝' 성의 남문 앞에 도달했다. 10m에 이르는 높은 성벽도 성벽이려니와 성문 앞에 폭이 20m나 되는 해자(방어용 도랑)가 있어 외부인은 접근할 엄두도 낼 수 없었다. 섣불리 해자를 건너려고 뛰어들었다가는 3~4m 깊이의 물

◀ **청동 부절** : 러시아 학생이 니콜라예프카 성터에서 우연히 주운 발해 시대의 부절(두 조각으로 나누어 두 사람이 각각 가지고 있다가 훗날 서로 맞추어 증거로 삼는 물건). 가운데가 이 부절의 옆면으로, 짝이 되는 부절과 맞추면 '合同(합동)'이라는 글자가 완성된다. 뒷면(오른쪽)에 새겨진 '좌효위장군'이란 발해 관직 이름으로 니콜라예프카 성이 발해의 성터임이 밝혀졌다. 크기는 길이 5.6cm, 최대 너비 1.8cm, 두께 0.5cm로 아주 작다.

[지도]
아무르 강
우수리 강
목단강
미타호
발 해
상경 용천부
동경 용원부
정리부
정주
중경현 덕부
서경 압록부
남경 남해부
신 라

● **발해 15부** _ 정주성은 모두 15부로 구성된 발해의 행정 구역 가운데 동해안에 자리잡은 정리부의 중심지였다. 일본과 중국의 저명한 발해학자인 와다 키요시와 왕청리는 일찍이 정주성의 소재지로 지금의 니콜라예프카 성(본문 사진)을 지목한 바 있다. 발해는 8세기 문왕 때 중앙 정부를 3성 6부제로 정비하고 수도를 상경성으로 옮긴 뒤, 9세기 선왕 때 요동 지방에서 동해안에 이르는 최대 판도를 이룩하고 전국에 5경 15부 62주를 두었다. 그 넓이는 고구려의 1.5~2배에 이른다.

●● **황제의 나라** _ 발해 3대 문왕의 넷째 딸이었던 정효 공주 무덤의 묘지명을 보면 공주의 아버지를 '황상(皇上)'이라고 부르고 있다. 황상은 신하가 직접 황제를 부를 때 썼던 말로 문왕을 황제로도 불렀던 것이 드러난다. 한편 발해 왕의 명령을 조(詔)라고 했는데, 이것은 황제의 명령을 의미한다. 조서는 황제의 명령, 교서는 왕의 명령이다. 특히 발해는 황제만이 사용할 수 있는 독자적인 연호를 2대 왕 이래 꾸준히 사용했다. 이것은 우리 나라 역사상 드문 예로 발해인의 높은 자존심을 짐작할 수 있다.

◀ **니콜라예프카 성터** : 블라디보스토크 동쪽의 파르티잔스크 강가에 자리잡은 평지성. 흙으로 쌓은 성벽의 전체 둘레는 1550m에 이른다. 성터의 북서쪽으로 시베리아 철도의 지선(支線)이 가로지르고 있어 앞으로 대륙으로 여행하는 한국인의 관광 명소로 떠오를지도 모른다.

▶ **섭리계의 얼굴일까** : 보리소프카 절터에서 나온 불상 머리[佛頭]. 조각난 것을 다시 맞추어서 다소 엽기적인 모습이지만, 가늘게 찢어진 눈, 오똑한 코, 도톰한 입매와 턱선에서 발해 남성의 얼굴을 짐작해 볼 수 있다. 혹시 연해주 지방에서 잔뼈가 굵은 말갈인 출신 섭리계가 이와 닮은 모습을 하고 있지 않았을까?

아니라 문어도 실해 보였고, 싱싱한 고래 눈알을 상에 올린 것은 놀라웠다. 특히 이 지방의 게는 붉은 색으로 크기가 큰 그릇만 하고 집게발이 크고 두터워 한 마리만 먹어도 배가 부를 지경이었다. 또한 개고기뿐 아니라 말과 소를 잡아 구운 요리도 일품이었다. 그 밖에도 거위 · 독수리 · 비버 · 곰 · 사슴 · 염소 · 멧돼지 · 너구리 등 못 먹는 짐승이 없었고, 여기에 맷돌로 가공한 뒤 저장 창고에 쌓아 두었던 콩 · 모밀 · 보리 · 수수 등도 곁들였다.

속에 빠져 허우적거리다가 펄펄 끓는 찻물 세례를 받기 일쑤였다.

"좌효위장군 섭리계는 어서 나와서 황제 폐하 의 전령을 맞으시오!"

전령의 목소리가 겨울 하늘을 쩌렁쩌렁 울리자, 성문이 열리고 해자 위에 놓인 다리 위로 군사들이 걸어나왔다. 그들이 섭리계 장군으로부터 받아 온 부절을 내밀자, 전령은 허리춤에서 부절을 꺼냈다. 두 개의 부절을 합치자, 옆면에 반씩 나뉘어 있던 '합동(合同)'이라는 글자가 맞추어졌.

땅 끝의 만찬 ● 전령은 보무도 당당하게 성안으로 걸어 들어가 그를 맞이하는 섭리계에게 황제의 명령을 전했다. "좌효위장군께서는 후임자가 오는 대로 정리부를 떠나 황도(皇都)로 들어오라는 분부십니다."

아, 드디어 변방 생활을 청산하고 서울로 올라가는구나! 섭리계는 넘치는 감격을 억누르며 사자를 내성(內城)으로 안내했다. 바닷가에서 가까운 지역적 특성답게 각종 해산물이 듬뿍 담긴 잔칫상이 들어와 피로에 지친 전령 일행의 시장기를 한순간에 없애 주었다. 남해부에서 올라온 다시마와 게뿐

우리는 다 같은 발해인 ● 섭리계는 궁금한 것이 한두 가지가 아니었다. "황제 폐하께서는 건강하시오?" "당나라에서 안녹산이란 자가 반란을 일으킬 거라던데 서쪽 국경은 안전하오?" "여기까지 오시는 길은 편하셨소?"

전령은 모든 질문에 고개를 끄덕이고는 말했다. "우리 나라가 대국임을 새삼 깨달았습니다. 비록 나라가 선 지 얼마 안 되었지만 길도 잘 닦이고 30리마다 하나씩 있는 역참(驛站)에서는 푹 쉬고 쌩쌩한 말로 갈아탈 수도 있었습니다. 침엽수와 활엽수가 어우러진 울창한 혼합림, 곳곳에 자리잡은 초원이며 크고 작은 연못이 피로를 느낄 수 없도록 하더군요."

전령은 서울로 올라오는 길에 발해의 산천을 돌아보고 오라는 황제의 분부를 전했고, 섭리계는 그러한 배려에 고마워했다. 고(高)씨 성을 가진 사자는 고구려 왕족 출신이고 섭리계는 말갈계였다. 그러나 두 사람은 자주적인 황제의 나라 발해에 대해 똑같은 자부심을 가진 발해인이었다.

●●● **8세기 동아시아의 정세** _ 713년부터 756년까지는 '개원천보 시대'라고 하여 중국 역사상 가장 융성했던 당나라에서도 전성기로 꼽힌다. 이때의 황제가 현종(玄宗)이었다. 그는 조세 제도와 중앙 군사 제도를 정비하고 한림원·집현원 같은 학술 기관을 육성했다. 이백·백거이 같은 문호들이 모두 이 시대에 활약하여 고전 문화의 황금기를 구가했다. 따라서 이 시기에는 동아시아에서 당나라의 지위가 어느 때보다 확고했다. 발해는 732년 당나라의 산동 반도를 먼저 공격하기도 했지만, 곧 화해의 손길을 뻗어 당나라와 조공 관계를 맺었다. 그러나 달은 차면 기우는 법. 현종 시대에 당나라의 몰락도 시작되었다. 현종이 말년에 국사를 돌보지 않고 35세 연하인 양귀비를 총애하자, 사회적 모순이 폭발하기 시작했다. 태풍의 눈은 발해와 국경을 맞댄 동북 지방을 다스리던 절도사 안녹산이었다. 소그드인 출신인 안녹산은 서서히 군사력을 강화하여 755년 반란을 일으켰다. 난은 763년에 진압되었으나 중앙 집권 체제가 붕괴하고 숱한 문화적 기반이 파괴되어 이후 당나라는 혼란기로 접어들게 된다. 그림은 당나라 의장대의 당당한 행렬을 그린 고분 벽화. 중국 산시성 박물관 소장.

● **소그드인은 누구인가** _ 소그디아나(지금의 사마르칸트)의 이란계 원주민. 소그디아나는 고대 이란 제국의 한 주(州)로 10세기 이슬람 지리학자 무카디시는 "신이 만든, 세계에서 가장 아름다운 나라"라고 찬양했다. 소그드인은 톈산 산맥 북쪽 기슭, 간쑤 북서부 등에 거류지를 만들었고 장안에도 살면서 상업에 수완을 보여 중국에서는 상호(商胡)·가호(賈胡) 등으로 불렸다. 왼쪽 사진은 발해 영역에서도 발견된 소그드인의 화폐.

●● **말갈(靺鞨)인의 유래와 역사** _ 말갈인은 6~7세기경 만주 북동부에서 한반도 북부에 걸쳐 거주한 종족으로 주나라 때는 숙신(肅愼), 한나라 때는 읍루라고 불렸다. 그 뒤에는 물길(勿吉) 집단이 등장했다가 곧이어 말갈로 이름이 바뀌었다. 이들 부족 가운데 대표적인 것은 속말말갈·백산말갈·흑수말갈·호실말갈 등 일곱 부족이었다. 속말말갈과 백산말갈은 고구려에 복속했고, 발해가 건국되자 흑수말갈을 제외한 대부분의 말갈인이 발해에 흡수되었다. 발해가 멸망한 뒤 말갈은 여진(女眞)이라고 불렸으며, 이 중 일부가 훗날 거란의 요나라를 물리치고 금나라를 건국하여 화북 지방을 지배했다. 말갈인은 또한 청나라를 세운 만주족의 선조이기도 하다(85쪽 참조).

미타호 가는 길에 서역인 마을을 지나다 ● 섭리계는 서울로 가기 전에 미타호(지금의 싱카이 호) 북쪽의 광활한 숲에서 담비 사냥을 즐기고 싶었다. 그리하여 아르세니예프카 강을 따라 북상하다가 소문난 수공업 도시(지금의 노브고로데예프카)에 들렀다. 서울로 가져갈 선물도 사고 석궁 같은 사냥 도구도 손볼 겸 해서였다.

그런데 이 도시는 좀 이상한 곳이었다. 발해가 다종족 국가라지만 대부분 황인종인데 이 도시 사람들은 키도 코도 눈도 큰 백인종이었기 때문이다. "강국(康國 : 지금의 사마르칸트)에서 왔습죠. 우리말로는 소그드라고 합니다." 섭리계가 고향을 묻자, 청동 주조업을 하는 백인 청년이 거푸집에서 청동 거울을 끄집어내며 더듬거리는 발해 말로 대답했다. 강국은 고구려 사신이 그려진 아프라시압 벽화로 유명한 동서 교역의 요충지였다. 이곳 출신 소그드인● 은 장사 수완이 좋아 아시아 대륙 곳곳에 퍼져 나가 수공업과 무역에 종사하고 있었는데, 땅 끝 발해까지 그 발길이 미쳤던 것이다. 발해에서는 이처럼 고구려인과 말갈인●● 뿐 아니라 서역인도 함께 어울려 살고 있었다. 아니, 서역 '사람'만 들어와 있는 게 아니라 낯선 서역의 '신'도 들어와 숭배되고 있었다. 강국보다도 먼 파사국(派斯國 : 페르시아=이란)에서 들어온 '경교(그리스도교)'●●● 사원에서는 푸른 눈의 승려가 예수를 섬기도록 가르치고 있었다. 발해는 이렇게 국제적이고 다양한 사회였다.

솔빈부에서 말 달리고, 미타호에서 잉어만 한 붕어를 낚고, 동평부에서 담비를 사냥하다 ● 정리부에서 미타호 가는 길에 지나는 지역이 명마의 고장인 솔빈부이다. 당나라에서도 명품으로 치는 백마를 타고 광활한 벌판을 가로질러 올라가면 솔빈

부와 동평부의 경계를 이루는 미타호에 닿는다. 그 넓은 호수를 보는 순간 섭리계의 입은 딱 벌어졌다. 민물 호수로는 발해에서 가장 넓어 면적이 현재 충청남도의 절반을 넘는 4380㎢에 이른다.

섭리계는 먼저 호반의 타주라는 곳에서 겨울 낚시를 즐기며 며칠을 보냈다. 미타호에는 '즉어'라고 불리는 일종의 붕어가 서식하고 있는데, 그 크기가 잉어만 했다. 찜이나 조림을 해서 먹는 이 물고기는 보양식으로 그만이기 때문에 사냥을 앞두고 체력을 비축하기에는 안성맞춤이었다.

첫눈이 내리자, 섭리계는 안내자와 개를 구하고 칼과 석궁 등을 갖추어 담비 사냥에 나섰다. 이 호수 북쪽의 광활한 삼림 지대에 서식하고 있는 담비를 잡는 사냥은 첫눈이 내리면서부터 시작되어 한겨울에 절정을 이룬다.

담비 사냥에 이골이 난 안내자는 담비가 지나다니는 길을 정확하게 알고

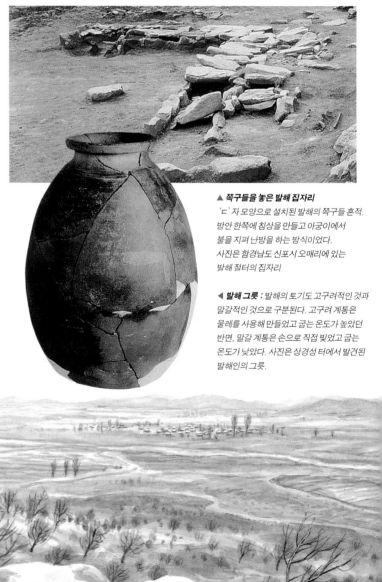

▲ **쪽구들을 놓은 발해 집자리**
'ㄷ'자 모양으로 설치된 발해의 쪽구들 흔적. 방안 한쪽에 침상을 만들고 아궁이에서 불을 지펴 난방을 하는 방식이었다. 사진은 함경남도 신포시 오매리에 있는 발해 절터의 집자리

◀ **발해 그릇** : 발해의 토기도 고구려적인 것과 말갈적인 것으로 구분된다. 고구려 계통은 물레를 사용해 만들었고 굽는 온도가 높았던 반면, 말갈 계통은 손으로 직접 빚었고 굽는 온도가 낮았다. 사진은 상경성 터에서 발견된 발해인의 그릇.

●●● **경교(景敎)** _635년 당나라 때 로마 사람 아라본이 중국에 가지고 들어왔다고 전하는 고대 동방 그리스도교의 한자 이름. 경교·파사교·대진경교 등의 이름으로 불리며 번창하다가 9세기에 불교 등 다른 종교와 함께 탄압받으면서 크게 위축되었다. 이러한 경교는 통일신라와 발해에도 전래된 흔적이 발견되고 있다. 흔히 경교는 고대 그리스도교에서 이단 판정을 받은 네스토리우스파와 같은 것으로 알려져 왔지만, 지금까지 알려진 '경교' 자체의 교리는 정통 그리스도교 교리와 다른 점이 없다고 한다. 네스토리우스파는 콘스탄티노플 대주교였던 네스토리우스의 가르침을 따르는 종파로 그리스도의 신성(神性)과 인성(人性)을 엄격히 구분했다.

◀ **발해의 십자가** : 발해 솔빈부 관할이던 러시아 연해주 아브리코스 절터에서 출토된 십자가 장식. 자그마한 점토판에 독일의 철십자 같은 십자가 무늬를 그렸다.

▶ **발해의 특산물**

미타호의 붕어 : 게와 더불어 미타호의 명물인 즉어를 요리한 모습.

동평부 - 담비
미타호 - 즉어
부여부 - 사슴
용주 - 비단
솔빈부 - 말
책성 - 된장
현주 - 삼베
위성 - 철
노성 - 쌀
태백산 - 토끼
환도 - 오양
남해부 - 다시마

솔빈부의 말 : 발해는 명마(名馬)의 고장으로 유명했다. 당나라 후기에 산동 반도를 거점으로 세력을 떨친 이정기는 해마다 발해 말을 사서 자기 세력의 기반으로 삼았다.

담비 모피 : 담비 모피는 발해가 자랑하는 여러 가지 특산물 가운데 으뜸이었다. 발해의 담비는 크기가 오소리만한 것에서부터 새끼곰만한 것까지, 색깔도 검은 것에서 흰 것까지 여러 가지가 있었다. 그중 검정 담비 모피는 육산 모피 가운데서도 최고로 친다.

있었다. 그가 가리키는 길목에 석궁을 설치하고 기다리다가 담비가 나타나면 정확히 쏘아맞히면 된다. 이때 무엇보다 중요한 것은 정수리나 복부의 급소를 한 번에 정확하게 맞히는 것이다. 그러지 않고 여러 번 쏘게 되면 귀한 담비 모피●●●●에 흠집이 많이 나기 때문이다.

그 밖에 담비를 잡는 방법으로는 담비를 굴로 몰아놓고 그물을 설치해 잡는 방법, 함정을 파서 잡는 방법 등이 있다. 눈이 내리지 않았을 때는 덫을 사용하기도 한다. 이렇게 잡은 담비는 아직 몸이 따뜻할 때 모피를 벗긴다. 덫에 걸린 담비를 나중에 발견했을 경우에는 넝마로 그 머리를 싸서 따뜻하게 한 다음 모피를 벗긴다. 그렇게 해서 벗긴 가죽은 자연스럽게 말려야지 죽 늘여 편 상태에서 말리면 안 된다. 그러다가 등가죽의 검은색 중심선이 바래기라도 하면 모피 가치가 뚝 떨어지기 때문이다.

발해의 최대 수출품인 아름다운 담비 모피는 이렇게 탄생하는 것이다.

서울 가는 길에 말갈인 마을을 지나다 ● 어디 미타호 일대뿐이랴! 용주의 명주(紬), 위성의 철(鐵), 노성의 쌀(稻) 등 발해의 각 고장은 저마다 내로라 하는 특산물을 자랑하고 있었다(『신당서』 발해전). 특히 발해처럼 위도가 높은 곳에서 쌀이 재배되었다는 것은 놀라운 일로 8세기 무렵

지구의 온도가 상승했다는 학설을 생각나게 한다.

미타호에서 즐거운 겨울을 난 섭리계는 이토록 다양한 풍물을 자랑하는 발해의 각 고장을 두루 거치며 서울로 향했다. 봄을 맞이하는 발해 마을들에서는 반움집에 쪽구들을 설치한 집들이 점점이 흩어져 있고 집마다 익어 가는 된장 덩어리에서 구수한 냄새가 풍기고 있었다. 집 주변에는 곡식과 짐승 가죽, 농기구 따위를 보관하는 저장 구덩이들이 짚으로 덮인 채 곳곳에 있었다. 그런가 하면 마을 앞에서는 뒤축 없는 장화 모양으로 생긴 보습을 쟁기에 달고 소를 몰며 밭을 가는 농부들의 모습이 봄을 알렸다.

정리부·솔빈부 등의 농촌에 사는 주민의 상당수는 말갈계였다. 이들은 더러 노비가 되어 귀족에게 예속된 경우도 있었지만, 대부분은 평범한 농민들로 촌장(村長)을 통해 국가에 세금과 노역을 제공하며 살아가고 있었다. 그들은 섭리계 일행을 따뜻하게 맞이했다. 섭리계가 그들처럼 말갈인 출신으로 나라에 큰 공을 세운 인물이었기 때문이다. 발해 귀족 가운데 말갈인은 이름이 실(失)·오(烏) 등으로 시작하거나 섭리계처럼 이름이 '계(計·稽)'로 끝나는 경우가 많았다. 섭리계는 동족의 사랑을 가슴에 새기며 동경(지금의 훈춘)을 지나 서울로 향하는 발걸음을 재촉했다.

●●●● **담비 모피의 역사** _727년 일본과 국교를 맺기 위해 천신만고 끝에 동해를 건넌 발해 사신 고제덕은 무려 300장의 담비 모피를 가지고 갔다고 한다. 이러한 담비는 예로부터 밍크를 능가하는 최고의 모피 동물로 손꼽혔다. 칭기즈칸이 젊은 시절 콩기라트의 수령 데이 세친을 찾아가 딸과의 결혼을 요구하자, 데이 세친은 허락의 뜻으로 담비 모피를 주었다. 몽골의 지배 계층 사이에 담비 모피는 최고의 예물이었던 것이다. 제정러시아 때는 황족이 담비 모피를 너무 좋아하는 바람에 재정 부담이 늘어나 국가가 기우는 한 가지 원인이 되었다고 한다. 왼쪽은 최고급 담비 모피로 만든 옷을 입은 패션 모델들.

고구려의 추억

발해 2대 무왕은 일본에 보낸 국서에서 발해가
"여러 번국(藩國)을 아우르게 되어 고구려의 옛 터전을 되찾고
부여의 풍속을 소유하게 되었다"고 밝혔다.
일본에서도 발해인을 옛 고구려인과 똑같이 '고려인'이라고
불렀다. 이처럼 발해는 부여와 고구려의 전통을 안고
그 삶을 시작했다.

▲ **발해의 요람 동모산** : 둔화 분지에 우뚝 서 있어 웅장해 보이고 어디서나 눈에 띈다. 현지에서는 산 위에 성터가 남아 있다고 해서 청산쯔산(城山子山)이라고 부른다. 중국 둔화시 시앤루향 청산쯔촌. 높이 600m.

발해의 첫 수도인 영승에서는 왕궁을 남쪽에 있는 중경으로 옮기는 준비가 한창 진행되고 있었다. 대조영°이 나라의 기틀을 세운 영승은 '옛 터전[舊國]'으로 남을 것이다. 이곳의 배후 기지인 동모산성에 오른 명장 장문휴(張文休)의 구릿빛 얼굴에는 온갖 감회가 스쳤다. 그는 732년에 벌어진 당나라와의 전쟁 때 수군을 이끌고 산동 반도를 공격하여 당 태종을 혼쭐 낸 영웅이었다. '고려(高麗:고구려)'라는 글씨를 수놓은 깃발이 펄럭이는 가운데 그는 연병장에 모인 젊은 병사들 앞에 노구를 이끌고 서서 연설을 시작했다. 당나라에 대한 굴종을 거부한 선조들을 높이고, 고구려를 계승한 이 나라가 얼마나 자랑스러운지를 알라는 것이었다.

발해에서 고구려 하면 생각나는 것 ● 장문휴는 장졸들과 함께 동모산에서 10km 정도 떨어진 육정산으로 향했다. 여섯 개의 봉우리로 이루어졌다고 해서 그런 이름이 붙은 이 산에는 장문휴가 모시던 무왕과 그 아버지 고왕(대조영) 등 건국의 아버지들이 묻힌 고분군이 자리잡고 있었다.

그들의 무덤은 고구려를 부활시킨 무덤 주인들의 행적에 어울리게 고구려 후기 양식인 돌방무덤 형태를 갖추고 있었다(3대 문왕의 둘째 딸인 정혜 공주의 무덤도 이런 형태로 발견되었다). 이것은 발해 전역에서 가장 많이 발견되는 무덤 양식이다. 특히 발해의 환주(桓州)는 고구려의 옛 수도인 국내성 자리에 있는데, 이곳에 들어서기 시작한 발해인의 무덤은 1만 2천 기(基)에 이르는 고구려 고분군과 구별되지 않은 채 섞여 있었다.

발해인의 생활 속에 남아 있는 고구려의 그림자는 무덤뿐이 아니었다. 무덤 참배를 마친 뒤 부근에 있는 절에 들어선 장문휴 일행은 본당에 나란히 앉아 있는 부처님께 예불을 올렸다.

8,9세기 발해 불교의 분포를 보면, 상경성 일대에서는 누구나 이해하기 쉬

주거와 상업, 문화의 공간인 평지성과 군사적인 목적에 주로 쓰이는 산성의 이중 구조는 발해가 간직하고 있는 고구려의 자취 가운데 가장 두드러진 것이었다. 고구려의 국내성과 환도산성이 그러했고 평양 안학궁과 대성산성이 그러했다. 이러한 성의 이중 구조는 중국뿐 아니라 발해 동부 지역(지금의 연해주)에서도 찾아볼 수 없었다. 중국 학자들이 발해를 고구려 계승 국가로 인정하지 않으면서도, 청산쯔산성(동모산성)·영승 유적과 한 조를 이루는 것이 고구려 유적이라는 사실을 수긍하고 있는 것은 그런 의미에서 중요하다고 할 것이다.

연병장 : 성 가운데 연병장으로 보이는 평지가 서너 군데 자리잡고 있다. 큰 것은 길이가 100m를 넘어 월드컵 축구 경기도 너끈히 소화할 수 있는 규모이다.

성벽 : 타원형에 가까운 형태로 전체 둘레는 2km 정도이며, 흙과 돌을 섞어 쌓았다. 성벽의 높이는 1.5~2.5m이고 밑변의 너비는 5~7m 정도이다.

치(雉) : 남쪽 성벽에는 망을 보기 위한 치가 세 군데 남아 있다.

주거지 : 남쪽 아래에 반움집이 50여 채 남아 있고 큰 기와집 터도 있다. 부근에서 창·칼·화살과 함께 당나라 때의 화폐인 개원통보도 발견되었다.

성문 : 동쪽과 서쪽에 문 자리가 남아 있으며, 모두 문을 단단한 돌로 에워싼 옹성(甕城)을 두었다.

목단강 상류 : 산성과 평지성 사이를 가로지르며 남쪽에서 북쪽으로 흐른다.

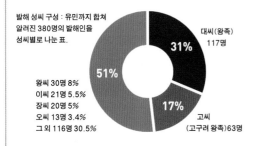

발해 성씨 구성 : 유민까지 합쳐 알려진 380명의 발해인을 성씨별로 나눈 표.

대씨(왕족) 117명 31%

51%

17%

고씨(고구려 왕족) 63명

왕씨 30명 8%
이씨 21명 5.5%
장씨 20명 5%
오씨 13명 3.4%
그 외 116명 30.5%

● **고구려와 발해의 혈연적 계승** _ 대조영이나 그의 아버지 걸걸중상이 말갈 출신 고구려 장수였던 것은 거의 밝혀져 있다. 그러니까 대조영은 고구려인이라고 할 수도 있고 말갈인이라고 할 수도 있다. 그러나 페루의 후지모리 대통령이 일본 출신이라고 해서 페루가 일본계 국가가 아니듯이 설령 대조영이 말갈인이라고 해도 발해가 말갈 국가가 되는 것은 아니다. 발해의 전체 인구 구성은 알 수 없지만 왕족인 대씨를 뺀 관료들의 구성에서는 고구려 왕족이었던 고씨가 47.5%의 다수를 이루고 있다. 6대 강왕은 일본에 보낸 국서에서 "교화를 따르는 부지런한 마음은 고씨에게서 이어받은 것"이라고 하여 일본에 사신을 파견하는 것은 고구려가 하던 관행을 이어받은 것임을 분명히 하고 있다. 다른 벼슬아치들도 대부분 고구려계 성씨를 가지고 있었다. 그에 따라 발해의 국가적 성격과 대외 정책의 기조는 모두 고구려의 것을 이어받았다.

고구려의 체취가 뚜렷한 북한의 발해 유적 _ 함경남도 신포시 북동쪽에서 약 13km 떨어진 오매리 절골에서 발견된 금동판(오른쪽 사진)에는 "원컨대 왕의 신령이 도솔천으로 올라가…… 천손(天孫)과 함께 만나……"라는 구절이 있다. 이 금동판은 고구려에서 만들어진 것을 발해인이 그대로 썼으며, 발해인도 고구려인처럼 자신들의 지도자를 '천손'이라고 불렀다. 또한 이곳에서는 고구려식 불교 전통이 이어졌고 고구려식 온돌도 발견되었다. 이처럼 북한의 발해 영역은 고구려 영역과 완전히 겹치기 때문에 북청토성 등 이 지역 발해 유적에는 고구려를 계승한 흔적이 뚜렷하게 남아 있다. 함경도 일대에서 발견되는 돌방무덤들은 모두 고구려 것으로 보아 오다가 근래에 들어서야 발해 것도 포함되어 있음을 확인하게 되었다.

◀ **발해인이 사용하던 고구려 금동판** : 1988년 발견. 오매리 절골 유적은 고구려 문화층 한 개와 발해 문화층 두 개로 이루어져 있는데, 고구려 때 만들어진 금동판이 발해 문화층에서 발견되었다. 뒷면에 고정용 못이 붙어 있다. 길이 41.5cm, 너비 8.5cm, 두께 0.3~0.5cm.

산성에서 평지성으로 : 동모산성을 나와 평지성인 영승 쪽으로 이동하는 발해 군대. 발해 무사의 복장에 관한 자료는 거의 남아 있지 않지만 고구려를 계승한 만큼 고구려 고분 벽화에 근거하여 그렸다. 투구는 상경성 터에서 나온 유물을 모델로 삼았다.

우물 : 산성의 우물은 이곳에 거주하는 주민과 병사들의 식수원으로 매우 중요하다. 지금도 연병장 옆에 거의 원형대로 보존되어 있다.

대석하 : 산 북쪽의 절벽을 끼고 돌아 천연 해자의 역할을 한다.

평지성의 성벽 : 발해의 성은 내성(內城)과 외성(外城)으로 이루어진 평지성이었다. 이 성은 아직 발굴이 되지 않아 구조를 정확히 알 수는 없다.

발해 첫 수도인 영승 유적 : 당나라 군대를 뿌리치고 동모산에 이른 대조영이 정착한 평지의 도읍 터. 중경으로 수도를 옮긴 뒤 '구국(舊國)'이라고 불렸다. 과거에는 돈화 시내의 아오둥성(敖東城)을 도읍 터로 지목했으나, 근년에 발해 유물이 많이 나오는 이곳으로 눈길을 돌리게 되었다.

운 관음(관세음보살) 신앙이 강했던 반면, 옛 고구려 영역인 중경과 동경에서는 이론적이고 복잡한 법화경을 설법하는 승려들이 많았는데 이 역시 고구려 불교를 그대로 계승했기 때문이다.

영승으로 돌아온 장문휴 장군의 집에는 두 벽을 따라 'ㄱ'자나 'ㄷ'자 모양으로 온돌(쪽구들)이 놓여 있고, 사람들은 이 구들을 벽난로 삼아 입식 생활을 하고 있었다. 이런 쪽구들은 왕궁의 건물들에서도 쉽게 볼 수 있었다. 이것이야말로 고구려를 넘어 고조선·부여를 통해 내려온 예맥 계통의 전형적인 난방 문화였다. 또한 집들의 지붕을 마감하는 수막새 기와 역시 고구려 전통을 이어받아 연꽃잎 무늬가 주종을 이루고 있었다(34쪽 참조).

돌아온 자와 남은 자 ●

고구려가 멸망한 뒤 그 유민의 일부는 대조영을 따라 옛 땅으로 돌아와 발해 건국에 참여했지만, 많은 사람들은 남아서 당나라에 뼈를 묻어야 했다.

당나라는 이들이 딴마음을 먹지 못하도록 당근과 채찍을 함께 사용했다. 가령 고구려 왕족이나 귀족 출신은 깍듯이 대접하여 현실에 안주하게 하는 정책을 폈다. 그래서 동북아시아에서 신적인 존재로 받들어지던 연개소문의 아들은 장안에 거대한 저택을 소유하고 있을 정도였다. 그러나 고구려 유민 상당수는 호강을 한다고 해서 자신의 정체성을 쉽게 잃어버리지 않았다. 고구려 마지막 왕인 보장왕의 손자로 779년 낙양(洛陽)에 묻힌 고진의 묘지명에는 그의 출신을 발해라고 적어 놓았다. 이것은 고진의 집안에서 발해가 고구려를 계승한 나라라는 것을 분명히 인식하고 있었음을 알려 준다.

그런가 하면 당나라에서 적극적으로 삶을 개척해 나간 고구려인도 있었다. 산동 반도 일대를 세력권으로 삼아 발해·신라와 당나라 사이의 중개 무역을 담당했던 이정기가 좋은 예였다. 그리고 아프가니스탄까지 진출하여 아랍인으로부터 '카불의 정복자', '중국의 왕'으로까지 불렸던 고선지는 고구려인의 상무적인 기풍을 세계 무대에서 발휘한 무장이었다.

물론 노비나 하층민으로 전락하여 비참한 삶을 이어가야 했던 고구려 유민도 적지 않았다. 이들이야말로 고구려 멸망의 최대 피해자였고, 발해의 건국은 그들로서는 애타게 기다렸던 복음이었다.

발해인의 사랑과 죽음

발해 문화의 특징

발해 사회가 발전하면서 고구려의 유산과
말갈계 토속 요소, 당나라의 국제적인 요소가 한데 어울려
발해인만의 개성적인 생활 문화가 형성되어 갔다.
특히 동시대의 다른 사회에 비해 엄격한 일부일처제와
올곧고 청신한 사회 기풍은
우리가 자랑스럽게 여겨도 좋을 발해의 장점이었다.

"(발해의) 부인들은 사납고 투기가 심하다. 대(大)씨와 다른 성씨들이 10자매를 이루어 남편들이 첩[側室]을 들이지 못하도록 감시하고, 남자가 바람을 피우면 서로 모의하여 그 상대방 여인을 독살했다"[중국 송나라 때 역사가 홍호(洪皓)의 『송막기문(松漠紀聞)』 중에서].

발해 남자들이 얼마나 바람을 피워 댔으면 여자들이 그렇게까지 했을까? 어쨌든 그런 여자들의 노력이 있었기 때문인지 발해 역사에서는 종종 '비교적' 돈독한 부부애를 보여 주는 사례가 나타나곤 했다.

● **발해의 무덤과 매장 풍습** _ 발해 무덤은 만주 57개 고분군에서 1700여 기, 북한 21개 고분군에서 1600여 기, 연해주 2개 고분군에서 5기가 확인되었다. 무덤 양식으로는 고구려 후기 양식을 계승한 돌방무덤, 말갈 양식인 흙무덤, 당나라 영향을 받은 벽돌무덤 등이 있는데, 그 가운데 정효 공주 언니인 정혜 공주의 무덤 같은 돌방무덤이 가장 많다. 매장 방식으로는 1인장, 2인 합장, 다인(多人: 여러 명) 합장이 모두 보이며, 2인 합장은 부부 합장이 대부분이다. 다인 합장은 발해 매장 풍속의 특색인데, 한 무덤에 많게는 17명까지 묻혀 있다. 이때 함께 묻은 사람들 중에는 주인공 가족뿐 아니라 그에 딸린 가솔 노비 등이 포함되어 있었다.

남편을 사랑한 발해 여자 ● 792년 여름, 발해 여인 정효(貞孝)가 죽었다. 아니, 정확하게 말하면 먼저 떠난 사랑하는 남편과 어린 딸을 따라갔다. 문왕의 넷째 딸인 정효 공주는 유학 경전과 반소(중국 후한의 여류 문인)의 문장을 익히며 반듯하게 자랐다. 유능한 남자를 만나 결혼한 뒤에는 남편과 각별한 부부애를 키워 갔다. 그들 부부가 소루에서 퉁소를 불 때면 그 곡조는 마치 한 쌍의 봉황새가 노래하는 듯했으며, 거울 앞에 마주 서서 춤을 출 때면 한 쌍의 난조새 같았다.

유교적 교양과 도덕으로 무장한 정효 공주는 남편을 잃은 뒤에도 '고결한' 정조를 지키며 살았다. 그러나 떠나간 가족에 대한 그리움이 너무나 컸던가? 정효 공주는 그만 서른여섯이란 젊은 나이에 중경 현덕부의 도성인 서고성의 숙소에서 숨을 거두고 말았다. ●

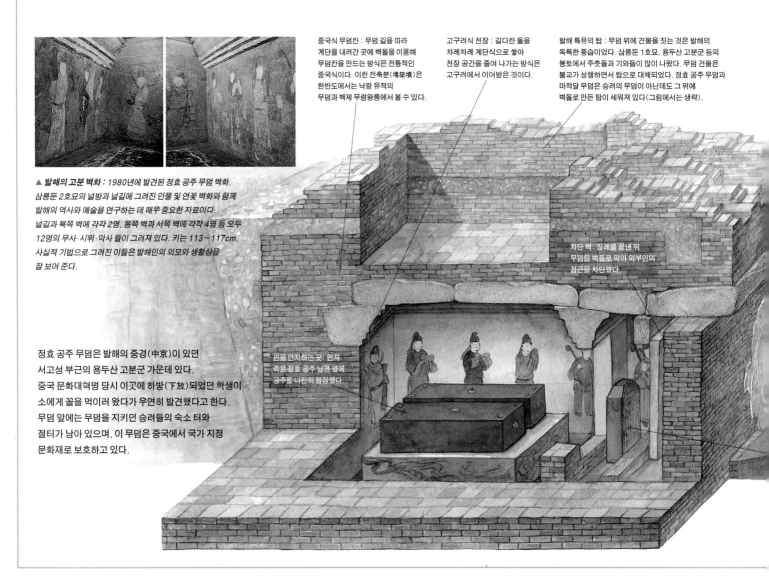

▲ **발해의 고분 벽화** : 1980년에 발견된 정효 공주 무덤 벽화. 삼릉둔 2호묘의 널방과 널길에 그려진 인물 및 연꽃 벽화와 함께 발해의 역사와 예술을 연구하는 데 매우 중요한 자료이다. 널길과 북쪽 벽에 각각 2명, 동쪽 벽과 서쪽 벽에 각각 4명 등 모두 12명의 무사·시위·악사 들이 그려져 있다. 키는 113~117cm. 사실적 기법으로 그려진 이들은 발해인의 외모와 생활상을 잘 보여 준다.

정효 공주 무덤은 발해의 중경(中京)이 있던 서고성 부근의 용두산 고분군 가운데 있다. 중국 문화대혁명 당시 이곳에 하방(下放)되었던 학생이 소에게 꼴을 먹이러 왔다가 우연히 발견했다고 한다. 무덤 앞에는 무덤을 지키던 승려들의 숙소 터와 절터가 남아 있으며, 이 무덤은 중국에서 국가 지정 문화재로 보호하고 있다.

중국식 무덤칸 : 무덤 길을 따라 계단을 내려간 곳에 벽돌을 이용해 무덤칸을 만드는 방식은 전통적인 중국식이다. 이런 전축분(塼築墳)은 한반도에서는 낙랑 유적의 무덤과 백제 무령왕릉에서 볼 수 있다.

고구려식 천장 : 길다란 돌을 차례차례 계단식으로 쌓아 천장 공간을 줄여 나가는 방식은 고구려에서 이어받은 것이다.

발해 특유의 탑 : 무덤 위에 건물을 짓는 것은 발해의 독특한 풍습이었다. 삼릉둔 1호묘, 용두산 고분군 등의 봉토에서 주춧돌과 기와들이 많이 나왔다. 무덤 건물은 불교가 성행하면서 탑으로 대체되었다. 정효 공주 무덤과 마적달 무덤은 승려의 무덤이 아닌데도 그 위에 벽돌로 만든 탑이 세워져 있다(그림에서는 생략).

차단 벽 : 장례를 끝낸 뒤 무덤을 벽돌로 막아 외부인의 접근을 차단했다.

관을 안치하는 곳 : 먼저 죽은 정효 공주 남편 옆에 공주를 나란히 합장했다.

●● **발해인의 문자 생활** _『구당서』 발해말갈전에는 발해에 "문자와 서기 (書記)가 있다"는 기록이 있다. 이 기록과 판독하기 어려운 문자가 새겨진 발해 기와(사진)를 근거로 발해에 고유 문자가 있었다는 주장이 자주 제기되곤 한다. 그러나 고유 문자로 쓰인 문장은 전혀 확인되지 않는 반면, 발해인이 남긴 두 공주의 묘지(墓誌)나 시문을 보면 한자가 일상적으로 사용되었음을 알 수 있다. '변려체'란 한 쌍의 말이 부부가 탄 마차를 끄는 것처럼 글귀들이 짝을 맞춰 나가는 유려한 문장을 말하는데, 문장이 4자와 6자를 기본으로 대구(對句)를 이루어 수사학적으로 아름다운 느낌을 준다.

그 해 겨울, 정효 공주는 남편 곁에 묻혔다. 이미 15년 전에 둘째 딸 정혜(貞惠)를 잃었던 문왕은 조회마저 열지 않고 침전(寢殿 : 왕의 침실이 있는 궁궐)에 틀어박힌 채 몹시 비통해했다. 그가 노래와 춤추는 것도 중지시키고 자는 것과 먹는 것조차 잊어버린 가운데 관청에서는 부부 합장을 준비했다. 무덤은 서쪽 용두산에서 갈라져 나온 산줄기가 다시 낮은 언덕을 이룬 곳에 있었다. 주변에는 소나무와 개오동나무가 무성하고 아래에는 강물이 굽이치고 있었다. 사람들의 목메어 우는 소리가 상여꾼들의 발길 따라 머뭇거리고, 영구차를 끄는 말도 뒤를 돌아보며 울부짖는다. 상여꾼들은 무덤 앞에서 잠시 영구를 멈췄다가 해가 떨어진 후 깊고 어두운 무덤 속에 안장했다. 평생 한 남자만을 믿고 사랑했던 여인이 그 남자와 영원히 함께 누운 무덤 앞에는 유려한 변려체 한문 문장을 새긴 비석이 그 '영원한 사랑'의 증인인 양 우뚝 섰다. ●●

▶ **남장 여자일까?** : 정효 공주 무덤 벽화에 그려진 시위(侍衛)를 재현한 그림. 상투를 높이 빗어 올리고 두건(抹額)을 썼으며, 목 둘레가 둥근 단령(團領)을 했다. 어깨에 메고 있는 것은 철퇴이다. 중국 학자 왕청리는 이 인물을 비롯한 벽화 속의 인물 12명을 남자로 분장한 여자들로 본다. 실제로 그들의 눈썹은 수려하고 눈은 맑으며 작은 입은 붉고 웃음 화려하며 거동은 우아하고 조용하여 남자로 보기 어렵다.

무덤으로 내려가는 계단

◀ **정효 공주 묘비** : 정혜 공주 묘비와 함께 발해사 연구의 1차 사료이다. 여기 새겨진 묘지(墓誌)는 서(序)와 명(銘)을 갖춘 전형적인 당나라 묘지문 형식에 『상서』, 『춘추』, 『논어』 등 유교 고전을 인용한 변려체 문장으로 공주의 죽음을 애도하고 그녀의 일생을 기리고 있다.

◉ 부인을 '사랑한' 발해 남자

759년 초, 일본에 전령으로 갔던 귀덕장군 양태사(楊泰師)는 헤이조쿄[平城京]의 숙소 옆에서 들려오는 다듬이 방망이 소리에 잠을 깼다. 그것은 고향의 자기 집에서 들려오던 아내의 다듬이질 소리와 똑같은 것이었다. 그는 종이와 붓을 꺼내어 시를 써내려갔다.

서리 기운 가득한 하늘에 달빛 비치니 은하수도 밝은데
나그네 돌아갈 일 생각하니 감회가 새롭네.
홀로 앉아 지새는 긴긴 밤 근심에 젖어 마음 아픈데
홀연히 이웃집 아낙네 다듬이질 소리 들리는구나.
바람결에 그 소리 끊기는 듯 이어지는 듯
밤 깊어 별빛 낮은데 잠시도 쉬지 않네.
나라 떠나와서 아무 소식 듣지 못하더니
이제 타향에서 고향 소식 듣는 듯하구나.

그리고는 고향에 두고 온 아내를 향한 것인지 이웃집 일본 아낙을 향한 것인지 모를, 야릇한 감정의 흐름을 시의 운율에 맡긴다.

방망이 무거운지 가벼운지
다듬잇돌 평평한지 아닌지 알 길 없구나.
멀리 타국에서 가녀린 몸에 땀 흘리는 모습 측은히 여기며
밤 깊도록 옥 같은 팔로 다듬이질하는 모습 보는 듯하네.
나그네에게 따뜻한 옷 지어 보내려고 하는 일이지만
그대 있는 방 찬 것이 걱정이구려.
비록 예의 잊어 묻기 어렵지만 속절없이 원망하는
그대 마음 모를 리야 있겠는가?

여기서 우리는 이 발해 남성의 마음 속에서 흔들리고 있는 미세한 감정의 결이 어떤 파장을 놓을지 호기심과 걱정 속에서 지켜보게 된다. 뭐 걱정까지야 할 필요 있느냐고? 모르시는 말씀! 자칫하면 드센 발해 여인들의 손에 애꿎은 일본 아낙이 독살당할지도 모르니까! 자, 시의 마지막 흐름을 따라가 보자.

먼 이역에 가 있네 그래도 새로 사귄 사람 없지
한마음이기를 원하네 그러면서 길게 탄식하네.
이때 홀로 규중으로부터 탄식 소리 들리니
이 밤 누가 아름다운 눈동자에 눈물 고이는 것 알겠는가?
생각하고 또 생각하네 마음은 이미 그대에 젖어 있는데
또 들리는구나 괴로운 이 마음.
차라리 잠들어 꿈속에서 소리 찾아가고 싶은데
다만 근심으로 잠 못 드는구나.

아내에 대한 그리움과 이웃집 여인에 대한 동정이 미묘하게 겹쳐서 전개되는 양태사의 시는 이처럼 다소 '싱겁게' 끝났다. 그는 무사히 발해로 돌아갔고 아내의 품에 안겼을 것이다. 발해는 엄격한 일부일처제 사회였고 여성의 지위가 꽤 높았다. 그래서 동시대의 거란과 여진 각국에는 모두 창녀(女倡)가 있고 그 나라 양인들은 첩(小婦)과 계집종(侍婢)이 있으나 오직 발해에만은 없었다고 한다(『송막기문』).

상경성의 봄

발해 문화의 개화(開花)

발해인은 끊임없이 영토를 넓히고 대국에 걸맞은
제도의 확립과 문화의 진흥에 힘써 9세기 선왕 때에 이르면
중국인이 '해동성국(海東盛國)' (『신당서』 발해전)이라고
부를 만큼 강하고 융성한 나라를 건설했다.
당시 동아시아 제2의 도시 상경성은 이처럼 무르익은
발해 문화의 정점을 이루고 있었다.

5월 단오. 성안에 마련된 구장에서 당나라에서 유학하고 돌아온 학생들과
발해의 대학인 주자감(胄子監) 학생들이 축제의 일환으로 격구° 대결을 한
판 펼치고 있다. 성 안팎으로 나들이 인파가 넘치고 북쪽
목단강에서는 사람들이 뱃놀이를 즐긴다. 집집마다 단
오 때 먹는 고소한 쑥떡 내음이 고소하게 풍겨 나온다. 늦봄
을 맞은 상경성은 바야흐로 축제 중이다.

봄날 격구 경기를 보다 ● 격구는 말타기를 즐기는 발
해인이 가장 좋아하는 체력 단련 수단이자 군사 훈련이기
도 하다. 발해 말기에 거란에서 망명했던 야율할저라는 사람은 발해인이
격구 즐기는 틈을 타 말을 훔쳐 달아나기도 했다. 발해를 멸망시킨 요나라
는 발해 유민이 즐기는 격구를 금지시켰다가 "격구를 하지 않으면 무엇으
로 군사 훈련을 하느냐"는 비판을 받고 해제한 일도 있다.

　격구광으로서의 발해인을 가장 잘 보여 주는 것은 822년에 일본인이 지
은 시이다. 「봄날 격구 경기를 보다」라는 제목의 이 시는 일본에 온 발해 사
신 일행이 일본 왕 앞에서 격구 경기 시연하는 것을 현장 중계하고 있다.

> 화창한 봄날 이른 아침에 자욱한 안개 사라졌는데
> 사신들 때를 어길세라 앞마당에 나섰네.
> 공중에서 휘두르는 곤봉 초생달인 양싶고
> 땅에서 굴러가는 공 유성과도 같아라.
> 요리조리 치고 막고 하면서 골문을 향해 돌진하는데
> 떼를 지어 달리는 말발굽 소리 천지를 진동하네.
> 북 소리 환호 소리 급하기도 하였건만
> 관중들 경기가 빨리 끝났다 아쉬워하네.

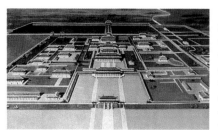

◀ **발해의 고도(古都) 상경성 :** 동아시아의
중심지였던 당나라의 장안성을 그대로
본떠서 만든 계획 도시. 현재 중국
헤이룽장(黑龍江)성 닝안시에 속하며 4면이
산으로 둘러싸여 있다. 내성과 외성으로
이루어져 있는데 외성은 남북 3.5km,
동서 4.5~5km로서 총둘레는 16km가 넘는
서울에 남아 있는 조선 시대도성의
규모와 거의 동일하다.

동아시아의 남성들에게 인기 있는 스포츠였던 격구는 '타구'라고도 불렸다.
상경성에도 격구 전용 구장이 있었을 것으로 짐작된다. 멀리 보이는 궁성은
돌로 쌓은 축대 위에 푸른 벽돌을 쌓고 역시 푸른 기와 지붕에 으리으리한 치미를 얹어
장엄한 분위기를 자아낸다.

격구 공 : 조선 시대의 『무예도보통지』에
따르면 격구용 공은 털실로 짠 모구(毛毬)나
붉은 칠을 한 나무공이 쓰였다.
그림에서는 나무공을 택해 그렸다.

◀ **당나라 때의 격구 그림**
711년에 무덤 벽화로 그려진
「마구도(馬毬圖)」.
당나라 황실에서 열렬한
애호를 받던 격구의 경기 장면을
생동감 넘치게 표현했다.
높이 195cm, 폭 153cm.
중국 산시성 박물관 소장.

● **세계의 격구(폴로)** _ 폴로의 원형은 기원전 600년경 이란 지방에서 보급되었던 '쇼간'이라는
경기라고 전해진다. 막대로 공을 서로 치며 겨루던 경기인 쇼간은 이집트, 터키 또는 중앙아시아를 거쳐 중국에
보급되었다고 한다. 폴로라는 명칭은 풀루('공'이라는 뜻)라는 말이 오랜 세월을 거치면서 '폴로'로 잘못 전해진
것이라고 한다. 1862년 인도에 파견된 영국 기병 10연대가 이 경기에 흥미를 갖고 본국으로 돌아가 선을 보였는데,
순식간에 영국 신사들 사이에서 인기 스포츠로 각광을 받게 되었다. 그러나 이 경기를 잘 하는 데 필요한 우수한
품종의 말을 구하는 것이 어려워 경기 자체는 그리 발달하지 못했다. 우리 나라에서는 조선 후기에 씌어진
『무예도보통지』에 마상재(馬上才)의 보조 기예로 소개되고 있는데, 두 팀이 서로 상대방의 골문에 골을 넣는
발해 때의 격구와 달리 하나의 골문에 골을 더 많이 넣는 팀이 이기는 방식을 택하고 있었다.

●●없는 게 없는 상경성 시장 _ 해동성국 발해가 얼마나 물산이 풍부하고 교역이 발달한 나라였는지를 알려 주는 전설이 있다. 중국의 장사꾼 장만재(張萬才)는 발해의 경제가 발달했다는 소문을 듣고 한번 톡톡히 돈을 벌어 보려고 재산을 털어 피륙·쇠그릇·약품 등을 사들였다. 그는 이 물건들을 가지고 갖은 고생 끝에 발해 서울에 도착했으나, 다음날 시장에 나가 보고 깜짝 놀랐다. 인산인해를 이루는 시장에 상품들이 가득 쌓여 있는데, 물건들이 자신이 가져온 물건들보다 더 품질이 좋았던 것이다. 장만재는 시장에서 아무리 소리쳐도 장사가 되지 않자, 점쟁이에게 그 이유를 물었다. 그러자 점쟁이는 이렇게 대답했다.

"자네는 발해에 옥주의 면(綿), 위성의 철(鐵)이 유명하다는 소리를 들어 보지 못했는가? 이런 물건들은 중원에서 나는 물건들과 차이가 없다네. 게다가 자네 물건은 흠이 많으니 눈 밝은 발해 사람들이 이를 모르겠나?" 결국 장만재는 패가망신하여 문전걸식하다가 겨우 목숨을 부지하여 중국으로 되돌아갔다고 한다.

◀ 구름 모양 자배기 : 발해 왕족의 생활 미학을 엿볼 수 있는 품위 있는 모양의 그릇. 구름 무늬를 부드럽게 표현했고 겉면은 잘 갈아서 광택이 난다. 중국 헤이룽장성 닝안시 상경성 터 출토.

격구 선수와 말 : 격구는 말을 타고 하는 마상(馬上) 경기의 하나로 말과 사람의 호흡이 매우 중요하다. 그림에서는 선수가 쓴 두건의 색으로 편을 갈랐다고 설정했으며, 말은 경마용 말을 모델로 삼았다.

상경성 : 궁성과 황성(관청가가 있는곳) 가운데에는 광장이 펼쳐져 있고 양쪽으로 관청들과 절들이 자리잡았다. 이 집들은 흙을 다진 기초 위에 흙벽돌로 벽을 쌓고 푸른 기와로 지붕을 얹었다.

▲ 칠공교(七孔橋) : 일곱 개의 교각이 17m 간격으로 남아 있는 목단강의 발해 다리 유적. 발해 때는 이런 다리가 다섯 개나 있었으니 얼마나 많은 사람이 왕래했을지 짐작할 수 있다.

"발해 사람 셋이면 호랑이를 잡는다" ● 치열한 격구 시합은 주자감 학생들의 승리로 끝났다. 태상시(太常寺 : 예의와 제사를 관장하는 중앙 관청) 소속 악사들이 박판·발해금·공후 등을 치켜들고 화려한 음악을 연주하자, 노래패들은 '발해 사람 셋이면 호랑이를 잡는다〔三人渤海當一虎〕' 는 제목의 씩씩한 노래를 부르며 힘찬 율동을 선보였다. 그러자 그 뒤를 많은 남녀가 따르면서 서로 화답하여 노래 부르며 빙빙 돌고 발을 굴렀다. '답추(踏鎚)' 라는 발해 특유의 군무였다.

사빈시(司賓寺 : 외국 사절을 접대하는 중앙 관청)의 안내를 받으며 격구 시합을 구경하던 당나라 사신 장건장(張建章)은 당나라 유학생 출신 발해 관리 이거정(李居正)에게 농을 던진다. "당신네 유학생들은 당나라에 가서 색시들만 밝혔나 보오. 어찌 국내파들에게 저리도 맥을 못 추는 게요?"

이거정도 얼굴 가득 웃음을 머금고 젊은이들을 바라본다. 해동성국의 미래가 아직은 밝다는 믿음 때문이었다.

두 사람은 10군데나 있는 상경성의 남문을 나섰다. 성밖에는 시장●●이 펼쳐져서 어느 때보다 활기를 띠고 있었다. 성 외곽을 돌아 목단강 쪽으로 올라가니 칠공교를 비롯한 다섯 개의 다리 위에 상춘객들이 가득하고 강에는 놀이배가 띠를 이루고 있다. 그 뒤로는 붉은 해가 넘어가고 있었다. ●●

격구채 : 나무를 깎아 만든다. 『무예도보통지』에서는 '장시(長匙)' 라고 불렀다.

◀ 발해를 기억하는 쌀
상경성 지역의 '발해옥미개발공사' 에서 출시한 '발해' 상표의 쌀. 이 지역은 화산재가 굳은 현무암 지대로 지열이 잘 보존되어 추운 기후에도 불구하고 질 좋은 쌀이 난다.

●●● 상경성은 화산재 위에 선 도시 _ 일본 NHK 방송이 역사 소설가 시바 료타로의 사회로 「환상의 왕국」이라는 발해 특집 프로그램을 방영하면서 발해가 백두산의 화산 폭발로 멸망한 것처럼 묘사한 적이 있다. 이 프로그램은 발해 멸망 무렵 일본 혼슈 북부에서 화산재 분출이 있었으므로 같은 화산대에 들어 있는 백두산도 이때 폭발했을 것이고, 그것이 발해를 멸망시켰을 것이라는 얘기였다. 그러나 이것은 사실이 아니다. 상경성 유적 곳곳에 현무암 덩어리들이 눈에 띄는 것은 사실이지만, 이것은 백두산 분출이 아니라 경박호 부근의 용암 분출로 형성된 것이다. 또 그 분출도 발해 때가 아닌 지질 시대의 일이다. 이곳의 유적·유물이 현무암으로 이루어진 것만으로도 이를 알 수 있다. 설령 용암이 발해 때 분출했어도 그것이 한 도시를 완전히 덮지 않는 한 멸망의 원인일 수는 없다. 오히려 화산재는 토지를 기름지게 해 농사에 유리한 환경을 조성하기도 한다. 화산 폭발이 빈번한 일본이 그것 때문에 망한 적은 없지 않은가?

발해의 미(美)

발해의 중심지는 고구려 영역에 속하지 않았고 이렇다 할 독자적인
문화 전통도 없었던 곳이다. 그곳에 강서대묘의 사신도 벽화로 상징되는 씩씩한
예술혼의 주인공, 고구려인이 들어왔다. 그리고 곧 옛 고구려 지역을 되찾았다.
자연히 발해의 예술은 강력한 고구려의 전통 위에서 성장할 수밖에 없었다.
불교 미술이나 건축 미술 등에서 그러한 전통을 뚜렷이 확인할 수 있다.
그러나 정효 공주 무덤에서 확인한 것처럼 미술을 비롯한 발해 문화 전체를 고구려의
영향 속에서만 보는 것은 잘못이다. 발해는 고구려를 계승한 것이지 복제한 것은
아니기 때문이다. 발해인이 시대의 발전에 따라 다양한 외래 요소를 혼합하여
독자적인 미학을 창조했다는 것은 얼마 남아 있지 않은 몇 점의 유물만으로도
확인할 수 있다. 그것은 한편으로는 차가운 대륙을 딛고 살아가는 사람들다운
우악스러움을 보여 주면서도 다른 한편 너그럽고 안온한 미소와 은근한
유머 감각을 잃지 않은 따뜻함을 간직하고 있다.

고구려　　　발해

백제　　　신라

◀ **발해와 삼국의 수막새 기와**
발해 집들의 지붕을 장식하는
막새 기와의(瓦當) 무늬는 대부분
연꽃이다. 연꽃잎을 배치한 막새 기와는
고구려·백제·신라에서 특징적으로
발달했는데, 발해의 막새 기와는
고구려 것을 계승했다.
당시 지붕에 기와를 이었던 건물은
궁전·관청·절이었다. 따라서 막새 기와가
고구려적이었다는 것은 지배층에
고구려인이 많았거나 적어도 건축을
담당한 장인들이 고구려로부터
들어온 것을 의미한다.

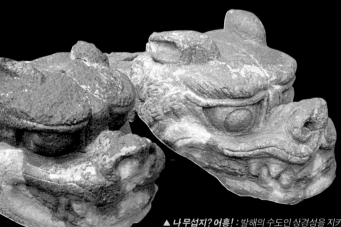

▲ **나 무섭지? 어흥!** : 발해의 수도인 상경성을 지키던 한 쌍의
돌사자상. 검은 녀석(왼쪽)은 사자라기보다는 불독처럼 험상궂은
표정으로 금방이라도 달려들어 물어뜯을 것처럼 노려보고,
흰 녀석은 저승사자처럼 음산한 표정으로 으르렁거리고 있다.
발해인의 우악스러움을 이보다 잘 표현한 것이 있을까?

▶ 벌판에 우뚝 선 발해의 탑

중국 창바이(長白) 조선족 자치현 오지에서 있는
5층 벽돌탑. 1층 4면에 '왕(王)', '립(立)', '국(國)',
'토(土)'라는 글자 모양의 벽돌 무늬가 있다.
이 글자대로라면 발해 왕실이 불교와 밀착되어
있었음을 짐작할 수 있다.
1944년 탑을 보수할 때 지하에 지궁(地宮)이라는
무덤칸이 마련되어 있음이 확인되었다.
1908년 장봉대라는 사람이 노나라
영광전(靈光殿)처럼 오랜 풍상을 이기며
의연하게 남아 있다고
적은 뒤로 역사적 유래와
관계없이
영광탑이란 이름이
붙게 되었다.
평면이 사각형이고
높이는 13m.

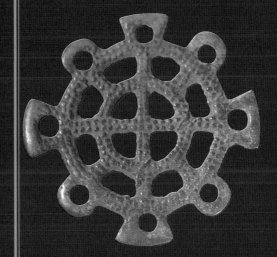

1천여 년 전 우리 나라에 그리스도교가?

발해의 솔빈부에 있던 아브리코스 절터는 불교 사원 자리이다. 그런데 이 자리에서 십자가가 발견되었다. 신라의 불국사에서도 돌로 만든 십자가가 나왔다. 또 훈춘에 있는 발해 동경성 자리에서 나온 삼존불의 목에도 십자가 같은 것이 달려 있다.

이런 사실 앞에서 우리를 놀라게 하는 것은 요즘 같으면 있을 수 없는 두 종교의 '혼합'만이 아니다. 우리는 이 땅에 그리스도교가 전파된 것을 1백 년 전쯤인 조선 말기로 알고 있다. 그런데 천년도 훨씬 지난 옛날 우리 나라에 그리스도교의 상징인 십자가나 마리아상(아래 사진) 같은 것이 있었다니 희한한 노릇 아닌가?

물론 불교 사원이나 불상에서 그리스도교의 상징이 발견된 것을 가지고 바로 그리스도교 전래의 시점을 앞당길 수 있는 것은 아니다. 동서 교류 과정에서 불교 문화에 그리스도교의 요소가 혼합될 수도 있었을 테고, 실제로 그런 사례는 얼마든지 있으니까. 그러나 당나라로 눈을 돌려 보면 '대진경교유행중국비'(사진)가 증언하듯 당시 동아시아에서 그리스도교가 자체 교회까지 가지고 번창했음을 알 수 있다.

'경교'라고 불린 이 동아시아의 그리스도교는 당나라로부터 발해에 유입되었든, 남부 시베리아로부터 전래되었든 발해 당시에 연해주 일대에 퍼져 있었던 것으로 짐작된다. 남북국 시대 종교에 대한 연구가 더 이루어지면 우리에게 '한국 기독교 백년사'보다 '한국 기독교 천년사'가 더 익숙한 말이 될지도 모르겠다.

장안의 발해인

고구려인이 상무적이고 호방한 성격의 소유자였다면
발해인은 문인을 숭상했고 세련된 취향을 가지고 있었다.
고구려인이 분열된 중국의 여러 나라를 상대로
살아남기 위한 대결을 벌이며 살았던 반면, 발해인은 당나라를
중심으로 한 안정된 동아시아 체제에서 비교적 태평성대를
누리며 살았기 때문일 것이다.

▲ **이 벼루는 내 꺼야** : 상경성터에서 출토된
발해 벼루에 그려진 관리의 얼굴.
마치 다른 사람은 손대지 말라는
표시처럼 보인다. 발해는 3대 문왕 때부터
본격적으로 유학 지식 관료를 중요하게
등용하기 시작했고, 유학에 입각해
나라를 운영하고자 했다.
궁중 도서를 관장하던 문적원(文籍院),
중앙 교육 기관인 주자감(胄子監),
유교 덕목인 충·인·의·지 등을
명칭으로 삼은 중앙 행정 기구 6부 등이
그 산물이었다.

▲ **과거 합격자 발표 장면** : 발해는 고원고·오소도 부자 등 많은 당나라 빈공과 합격자를 배출했다. 위 그림은 지방에서 실시하는 향시(鄕試)의 합격자 발표 장면을
담은 청나라 때의 「관방도(觀榜圖)」, 합격자 게시판은 오른쪽에 용, 왼쪽에 호랑이를 그려 놓고 '용호방(龍虎榜)'이라고 불렀다. 왼쪽은 발해 문인들이 쓰던 벼루.

당나라는 동아시아와 서역의 문화가
한데 모이는 곳이었다. 발해는 당나라
와 활발히 교류하면서 문화 역량을 키워 나갔고, 또 이곳을 무대로 신라
와 학문·외교·무역 등 모든 분야에서 경쟁을 벌여 나갔다.

남북국 영재들이 장안에서 맞붙다 ● 906년, 당나라 수도 장안에 한
발해인 부자(父子)가 머무르고 있었다. 아버지는 발해의 재상 오소도(烏
炤道), 아들은 외국 유학생들을 대상으로 한 과거˚ 시험인 빈공과(賓貢科)
를 준비하는 유학생 오광찬(烏光贊). 아버지 오소도는 젊은 시절 빈공과

에서 신라 유학생 이동(李同)을 비롯한 각국의 수재들을 물리치고 장원으
로 급제했던 사람이다. 당시 신라인의 충격은 엄청났다. 그런데, 이번 빈
공과에서도 신라인 최언위가 응시하여 두 번째 남북국 입시 경쟁이 벌어
지게 된 것이다. 시험 결과 오광찬과 최언위는 함께 합격했으나 석차는
최언위가 높았다. 신라인은 "그럼 그렇지" 하고 팔짱을 꼈을 것이다. 오소
도는 발끈하여 당나라 조정에 항의했다. "신이 급제할 때 이름이 이동 위
에 있었으니 신의 아들 광찬도 언위 위에 올라야 할 것입니다"(『고려사』).
그러나 최언위의 재주와 학문이 넉넉하다는 이유로 이 청은 거절당했
고, 대를 이은 남북국 영재의 대결은 1대 1 무승부로 끝났다.

◀ **과거 합격을 축하합니다**
왼쪽은 청나라 때 과거인
원시(院試)의 합격 통지서인
첩보(捷報). '첩'은
전쟁에서의 승리를 뜻한다.
오른쪽은 송나라 때
석학인 주희의 이름이
올라 있는 합격자 명단.

● **과거(科擧)** _ '과거'란 과목에 의한 선거(관리 등용법)를 뜻하며, 중국의 한나라 때 시작되었다. 매년 주(州)로부터
수재(秀才) 한 명, 군(郡)으로부터 효렴(孝廉) 약간 명을 추천하게 한 뒤 중앙에서 시험을 치렀다.
객관적이며 공평한 시험을 통해 우수한 자를 뽑는 과거가 제대로 시행된 것은 6세기 말 수나라에서부터였다.
당나라는 수나라의 제도를 이어받아 수재(秀才:정치학)·명경(明經:유학)·진사(進士:문학) 등의 과목을 두었다.
그러나 수재 과목은 점차 소홀히 다루고 진사과와 명경과가 성행하게 되었다.
당나라의 과거는 2단계로 분류되어 진사과의 경우 지방에서 향시(鄕試)를 보고 이를 통과한 자들을 도성으로 모아서
중앙 학교에서 선발된 사람들과 함께 공거(貢擧)를 보게 했다. 급제자 중 성적이 가장 우수한 자를 장원(壯元)이라 하고
최연소자를 탐화(探花)라고 했다. 한편 우리 나라의 과거 제도는 고려 때 쌍기의 건의에 따라 실시한 것이 처음이다.

●● 발해에는 발해만이 없다_ 겨울철 일기 예보를 듣다 보면 "발해만에서 발달한 고기압이 우리 나라에 영향을 주어……"라는 말을 흔히 들을 수 있다. 이 발해만은 랴오둥 반도와 산둥 반도 사이의 바다로 중국 이름은 '보하이 만'이다. 그런데 이 발해만은 발해의 영토가 아니었다. 그렇다면 도대체 왜 나라 이름을 '발해'라고 했을까? 대조영이 처음 지은 나라 이름은 진(振)이었다. 보통 나라 이름을 외자로 짓는 것은 중국 정통 왕조의 몫이다. 그래서 당나라는 이를 받아들이기 힘들었을 것이다. 당나라와 수교가 이루어지면서 대조영은 당나라에서 준 '발해군왕'이라는 호칭을 받아들이고 나라 이름을 발해로 고쳤다. 8세기 초 발해에 와서 이 같은 외교 협상

을 성사시키고 돌아가던 당나라 사신이 도중에 돌에다 새긴 비문이 지금도 남아서 이 사실을 알려 주고 있다(사진). 당시 발해는 고구려를 계승했으므로 나라 이름을 두 자로 한다면 '고려'라고 하고 싶었을 것이다. 실제로 일본에 대해서는 '고려'라는 호칭을 즐겨 사용했다. 반면 당나라에서는 고구려의 부활을 인정하고 싶지 않았으므로 '말갈'이란 나라 이름을 선호했을 가능성이 있다. 이처럼 두 나라의 의견이 엇갈릴 때 나온 타협안이 두 나라 사이의 교통로에 있는 바다 이름이었을 것이다. 우리 역사의 흐름에서 매우 낯선 '발해'라는 이름은 이렇게 생겨난 것이다.

당나라로 가는 길 ●

839년 당나라에 온 일본 유학승 엔닌[圓仁]은 산동 반도의 등주에 발해인과 신라인의 교민 거주지인 발해관과 신라관이 경쟁 의식 속에 나란히 자리잡고 있는 것을 보았다.

그 해 엔닌은 문등현 청산포에서 발해 왕자를 태우고 갈 발해**의 교역선이 정박해 있는 것을 보았다. 이 배는 황해를 북쪽으로 가로질러 가 압록강 하구에 닿을 것이다. 여기서 다시 강을 따라 들어가면 옛 고구려의 수도인 서경 압록부(중국 지린성 린장시)에 닿게 된다. 그곳으로부터 다시 육로를 따라 상경 용천부에 이를 것이니, 이것이 발해와 외부 세계를 잇는 다섯 가지 간선 도로 가운데 하나인 조공도(朝貢道)였다.***

이 같은 당나라와 발해의 교역의 역사는 발해 건국 직후인 713년까지 거슬러 올라간다. 당시 고왕(高王: 대조영)이 왕자를 당에 파견하여 시장에서 교역을 할 수 있도록 요청한 것이 두 나라 경제 교류의 시작이었다. 이후 조공 형식으로 이루어진 왕실 무역만 130여 차례 있었고, 산동 반도를 거점으로 한 상업적인 무역도 적잖이 이루어졌다. 발해는 담비 가죽과 말을 비롯하여 매·철 같은 특산물을 주로 수출했고, 그 대가로 중국의 화남 지방 곡창 지대에서 생산되는 농산물과 발해 귀족들의 사치성 수요를 채워 주는 방직품, 금은으로 만든 그릇, 도자기 등을 가져왔다.

발해가 당나라에서 빈공과 급제자를 많이 배출하고 당나라가 부럽지 않은 해동성국으로 성장하는 데는 이처럼 육로와 해로를 개척하고 교역을 촉진한 사람들의 숨은 공로가 있었다.

"나라 비록 떨어져 있지만 시와 글은 한집안" ●

발해는 당나라와의 교류 속에 계속 성장하여 9세기에는 동아시아 문화권의 주축으로 당나라와 어깨를 나란히 했다. 당나라

▶ **앗! 당삼채(唐三彩)가 발해에도 :** 삼채는 중국이 세계에 자랑하는 당나라의 도자기 미술이다. 발해도 당나라의 삼채 기법을 받아들여 노란색·갈색·녹색·자색 등의 유약을 사용해 병과 그릇 등에 삼채를 입혔다. 발해 서고성 자리인 중국 지린성 허룽시 출토.

시인 온정균이 발해 왕자를 배웅하면서 쓴 서정적인 시는 같은 문화권에 있는 발해와 당나라 관계를 잘 보여 준다.

> 나라 비록 바다로 떨어져 있으나 / 시와 글은 본래 한집안.
> 성대한 공훈 이루어 고국으로 돌아가나 / 아름다운 시구 중국에 남아 있네.
> 항구의 가을 물결 이별을 재촉하는데 / 돛 펴니 새벽 노을 깃폭에 걸리네.
> 궁중의 풍월 아름답지만 / 머리 돌리면 먼 이국의 하늘.　　—『온비경시집』

발해 왕자가 당나라에 남긴 '아름다운 시구[佳句]'는 오늘날 남아 있지 않다. 이처럼 수준 높은 문화를 이룩한 나라의 유산이 대부분 사라지고 없다는 것은 우리뿐 아니라 아시아인, 나아가 인류의 큰 손실이 아닐 수 없다.

◉ 최치원과 발해

신라는 발해를 '북국'이라고 불렀다. 지금의 남북한처럼 동족 의식이 있었는지는 모르지만 그때도 지금처럼 남북간 경쟁은 있었다. 874년 당나라 빈공과에 합격했던 신라의 대문장가 최치원은 오소도가 신라인을 제치고 빈공과 장원을 했다는 소식을 듣고 그 충격을 이렇게 토로했다. "(곡물을) 날릴 제 쭉정이가 앞선다지만 어찌 처진 술 찌꺼기를 마시기 좋으랴? (신라는) 사방의 조롱거리가 되었고 길이 수치로 남으리라"(『동문선』).

897년 발해가 또 신라인의 자존심을 건드렸다. 당시 당나라의 외교 행사나 문서에서 신라는 항상 발해보다 앞에 있었다. 그런데 발해 왕자 대봉예가 당나라 황제 소종에게 이렇게 요구했다. "지금은 발해의 국세가 신라보다 강성하니 외교상 발해가 신라보다 우선해야 합니다!"

소종이 이 요구를 거절했다는 소식을 듣고 최치원은 소종에게 감사 편지를 올렸다. "발해가 원래 모래와 자갈[沙礫]의 도태물로 신라와는 구름과 진흙[雲泥]의 구별이 있거늘…… 쇠꼬리가 되기를 부끄러워해 앙큼하게도 용머리가 되고자 망령을 피웁니다"(『삼국사기』).

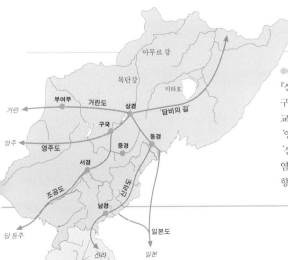

●●● 세계로 뻗는 발해_ 발해는 넓은 영토를 효율적으로 관리하기 위해 잘 발달된 도로를 닦았다. 이들 도로에 대해서는 『신당서』·『고금군국지』등 단편적인 기록이 남아 있을 뿐인데, 다행히 최근 고고학적인 지표 조사를 토대로 과거의 교통로를 구체적으로 짚어 보는 작업이 진행되고 있다. 발해에는 5경을 잇는 국내 도로뿐 아니라 당나라·신라·일본·거란 등과도 교통로가 개설되어 있었다. 당나라와는 육지의 길과 바다의 길로 통했다. 육지의 길은 영주를 거쳐 중국 대륙으로 들어가는 '영주도'로서 대조영이 나라를 세우기 위해 거쳐 왔던 그 길이다. 바다의 길은 본문에 언급한 '조공도'이다. 신라로 가는 '신라도'는 동경에서 육지로 함경도를 거쳐 강원도로 남하하는 것이고, 일본으로 가는 '일본도'는 동경에서 러시아 연해주의 염주(포시에트 만)를 거쳐 동해 바다를 건너는 것이다. 또 '거란도'는 과거 부여가 있었던 지린 지방을 거쳐 서요하 상류로 향하는 것이다. 그 외에 남부 시베리아 및 중앙아시아와 연결되던 '담비의 길'도 있었다고 한다.

일본에 울려퍼진 발해악

발해인과 일본

727년부터 919년까지 193년 동안 발해는
일본을 34차례 방문했고 일본은 발해를 13차례 방문했다.
발해 사신들은 산을 넘고 바다를 건너 배는 항구에 가득하고
수레는 길에 가득할 정도로 빈번히 왕래하면서
동해 양안(兩岸)의 친선에 수많은 공헌을 했다.
이 양안 교류에서 문화 대국 발해의 참모습은 아낌없이 드러났다.

758년 연말, 일본을 방문하는 네 번째 발해 대사 양승경(楊承慶) 일행이 일본의 수도 헤이조쿄(平城京)에 도착했다. 동쪽으로 부는 계절풍을 이용하기 위해 추운 계절에 염주(지금의 크라스키노)를 떠나온 것이다.

일본 나라(奈良) 정부의 실권을 장악하고 있던 후지와라 나카마로(藤原仲麻呂)는 이들을 극진히 대접했다. 낮에는 두 나라의 문인들이 모여 한시(漢詩)를 주고받았고, 밤이 되면 본격적으로 연회를 벌였다.

일본 하늘에 울려퍼진 발해악 ● 연회의 첫 번째 순서는 일종의 관현악 연주인 '주악(奏樂)'. 발해 사신을 맞을 때는 발해에서 건너온 음악을 연주했는데 발해 사절단에 포함된 악단이 '본국 음악'을 연주하기도 하고, 일본 아악료(雅樂寮)에 있던 고려 악사와 악생들이 '고려악'●을 연주하기도 했다. 이 음악에 맞추어 춤추는 것을 '답가(踏歌)'라고 하며, 발해 사신들은 모두 일어나 고향의 음악에 맞추어 발을 구르며 흥을 돋우었다.

마지막으로 젊고 아름다운 여성으로 편성된 무용단이 공연하는 '여악(女樂)'이라는 것도 있었다. 후지와라는 공식 연회가 끝난 뒤에도 천황의 허락을 얻어 자신의 저택으로 양승경 일행을 초대하여 내교방(內敎坊: 일본에서 음악을 담당하는 관청) 소속의 여악을 선보이며 밤이 새도록 잔치를 계속했다고 한다. 883년 배정 대사가 왔을 때는 무려 무희가 148명 출연하여 연회의 대미를 장식하기도 했다.

발해 사신들은 이런 연회 속에 멧돼지·새·사슴 등 고기류와 마늘을 넣어 요리한 대륙식 음식을 즐기고 조주관(造酒官)에서 빚은 탁주로 목을 축이면서 이국 생활이 주는 긴장을 풀고 향수를 달랬다. 이처럼 일본의 수도에 들어가 연회에 참가한 발해 사절단은 모두 24회 기록되어 있다.

우리는 평화적인 교류를 원하오 ● 후지와라가 발해 사절단에게 베푼 환대에는 정치적 속셈이 있었다. 일본의 숙적인 신라를 공격하는 데 발해를 끌어들이기 위해서였다.

양승경 일행이 돌아간 뒤 후지와라는 고구려 유민 출신인 고마 오야마(高麗大山)를 발해에 사신으로 보냈다. 그런데 발해가 이에 대한 답방 대사로 보낸 사람은 문인 출신 왕신복이었다. 발해가 그때까지 무인을 대사로 보내던 관례를 깨고 문인을 보낸 것은 후지와라의 제안에 대한 간접적인 거절이었다. 발해는 비록 신라와 긴장 관계에 있었지만 안정된 해동성국으로서 전쟁을 벌일 필요까지는 느끼지 못했던 것이다.

왕신복은 발해악을 배우러 가는 일본인 유학생 고노 우치유미(高內弓)와 함께 발해로 돌아갔다. 이를 신호탄으로 발해와 일본의 관계는 이후 문화·경제 교류로 전환했다. 발해가 일본에 수출한 물품은 담비 가죽이 으뜸이었고, 수입품은 삼베나 목면·명주 같은 섬유 제품이었다. 872년에는 발해 사신들이 일본 정부로부터 관전 40만을 받고 헤이안쿄(平安京) 시장에서 직접 사고 팔기도 했다.

● 일본에 전해진 우리 나라 음악 _ 삼국의 음악은 일찍이 일본에 전래되어 삼한악(三韓樂)이라고 불렸다. 683년 1월 1일 궁정에서 고구려악·백제악·신라악이 함께 연주되었다는 기록이 남아 있다. 한편 일본 기록에 따르면 발해 음악은 749년 12월 도다이지(東大寺)에서 대당악(大唐樂)·오악(吳樂)·오절전무(五節田舞) 등과 함께 연주된 기록이 최초이다. 이들 삼국의 음악과 발해악은 9세기 중반 헤이안 시대의 악제 개편에 따라 일본풍으로 정비되어 고려악(高麗樂: 일본 발음 '고마가쿠')이라는 이름으로 통합되었다고 한다.

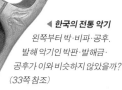

◀ 한국의 전통 악기
왼쪽부터 박·비파·공후.
발해 악기인 박판·발해금.
공후가 이와 비슷하지 않았을까?
(33쪽 참조)

◀ **일본에 남은 발해악** : 일본의 고전 춤곡인 가가쿠(아악) 가운데 고마가쿠(고려악) 중 하나인 4인 춤곡 '아야기리(綾切)'. 다른 고마가쿠처럼 지금은 많이 일본화되었지만 일본 학자 우에다는 이것을 발해에서 유래한 음악으로 본다. 지난 20년간 단 세 번밖에 공연되지 않은 것을 일본인 사진작가 하야시 요이치가 2000년 카스가 타이샤에서 공연된 것을 촬영한 것이다.

◀ **발해 에서도 쓰이던 일본 화폐**
일본 나라(奈良) 시대의 화폐인 화동개진(和同開珍). 상경성에서 출토된 것과 같은 것이다. 대외 교류가 활발했던 발해에서는 외국 화폐가 많이 발견된다.

"일본은 재능 있는 인물을 쓰는 나라가 아님을 알았소" ● 발해 사신이 일본**에 올 때마다 벌어졌던 한시 경연 대회는 두 나라 문인들 간의 우애를 돈독히 했다.

발해에서는 "일곱 걸음을 걸을 때마다 시가 나온다"는 시의 귀재 배정을 비롯하여 양태사·왕효렴 같은 당대의 문호들이 사질단에 포함되었고, 일본에서도 이들과의 한시 경연을 통해 스가와라 미치사네(菅原道眞)·오에 아사쓰네(大江朝綱) 같은 최고의 문인을 배출했다.

이들은 시의 경연에 참여할 때마다 허리띠를 풀고 옷깃을 열어 술잔을 교환했다. 그러면서 즉석에서 지은 한시 가운데 두 편씩을 골라 우정의 대결을 벌였다.

이 같은 교류 속에서 발해 문인들은 자기 나라처럼 일본에서도 자신들의 벗인 문인들을 우대하여 나라를 이끌어 나가기를 바랐다. 배정의 아들인 배구는 일본에 두 번째 사신으로 간 길에 대단한 글재주를 가졌던 것으로 기억하고 있는 오에 아사쓰네의 안부를 물었다. "강상공(江上公 : 오에 아사쓰네)은 대신 자리에 올랐겠죠?"

그러나 마중 나온 일본 관리가 "아직은요" 하고 고개를 가로 젓자, 배구는 크게 낙담하며 이렇게 대답했다고 한다.

"일본은 재능 있는 인물을 쓰는 나라가 아님을 알았소이다."

이것은 발해가 얼마나 문화적 자부심이 강하고 인재를 아끼는 나라였는지를 알려 주는 일화가 아닐 수 없다.

데와(出羽) : 727년 고인의를 대사로 한 첫 번째 사절단은 이곳에 표착했으나 원주민인 에조의 손에 16명이 죽고 8명이 겨우 살아남아 모피 300장과 무왕의 국서를 들고 헤이조쿄에 들렀다.

마쓰바라(松原) : 후쿠라와 더불어 발해 사절을 맞은 기록이 남아 있는 항구. 819년 이후의 사절들은 북서 계절풍이 강한 한겨울에 동해 바다를 건넜다.

후쿠라(福浦) : 노토(能登) 반도에 자리잡은 항구로서 발해 사절을 위한 객관을 설치했으며, 이곳에 발해 배가 닿았다가 떠났다는 기록이 있다.

헤이안쿄(平安京) : 794년 헤이조쿄로부터 천도한 일본의 새 수도로 지금의 교토(京都).

헤이조쿄(平城京) : 710년부터 약 80년 간 일본의 수도였던 곳으로 지금의 나라(奈良).

▶ **배 떠나던 포시에트만** : 발해 시대에 동경 용원부에 속했던 염주(鹽州) 부근의 항구. 염주라는 이름은 당시 필요한 소금이 이곳에서 생산되었기에 붙여진 이름일 것이다. 연해주 블라디보스토크에서 남서쪽으로 280km 정도 떨어져 있는 크라스키노 성터 부근에 자리잡고 있다.

◀ **발해 중대성 문서**
841년 발해 중대성에서 일본에 보낸 문서의 필사본. 사절단의 명단이 담겨 있다. 일행은 모두 105명이고 대사와 통역, 서기, 뱃사공 등이 적혀 있다. 일본 궁내청 서릉부 소장.

●● **고대 일본의 역사** _ 일본의 고대는 4세기 초부터 12세기 말까지를 가리킨다. 4세기 야마토 정권 시절 백제에서 한자와 유학이 전해지고 6세기 중엽 다시 백제에서 불교가 전래되어 문화 수준이 높아졌다. 645년 다이카(大化) 개신이 일어나 중앙 집권적인 율령 국가가 수립되었다. 그 후 당나라 문화를 흡수한 조정은 710년 나라에 수도 헤이조쿄를 건설했다. 이후 교토에 헤이안쿄를 세워 천도할 때까지 약 80년 동안 고대 일본의 불교 문화가 활짝 꽃피었다. 야마토 시대부터 나라 시대까지 삼국, 특히 백제와 활발히 교류했으며, 백제가 660년에 멸망한 뒤로는 그 유민들이 대거 일본으로 건너가 문화 예술 외에 생활용품 제조 기술, 관개시설 축조 기술 등을 전해 주었다. 794년 교토에 헤이안쿄를 조영하여 천도했는데, 이후 율령 체제가 점차 붕괴하면서 각지 무사단이 기반을 구축하는 영주 체제로 이행했다.

발해 그 후—네 가지 이야기

어떤 역사가는 발해의 역사가 잊혀진 이유를 두 가지로 정리했다. 발해가 있던 만주에서 발해를 계승한 나라가 없었다는 것이 하나이고, 또 하나는 발해의 역사가 흥미진진한 전쟁과 반란 대신 '무미건조한' 평화로 일관했다는 것이다. '발해의 평화'가 깨진 뒤 그 영토와 유민에게는 어떤 일이 일어났을까?

동단국 이야기

일본이 인재를 아끼지 않는다고 한탄했던 발해 사신 배구(41쪽참조)는 그 자신이 역사로부터 버림받은 비운의 인재였다. 두 차례나 일본을 방문하고 돌아간 그에게는 엄청난 운명이 기다리고 있었으니, 그토록 번성했던 조국이 거란의 침입을 받아 멸망하고 말았던 것이다.

▲ 발해의 오늘 : 중국 옌볜의 한국어 간판. 중국 지역의 우리 교포는 조선족, 러시아 지역의 교포는 고려인이라고 불린다.

거란은 발해의 모든 것을 철저히 파괴하고 그 자리에 동단국(東丹國)이라는 괴뢰 정권을 세웠다. 그리고 배구의 경험을 살리고자 그를 동단국의 사신으로 일본에 파견했다. 살아서 두 나라의 사신으로 이국땅을 밟게 된 배구는 괴로웠다. 그나마 그에게 위로가 된 것은 그를 마중 나온 일본의 관리가 전부터 잘 알고 지내던 글 친구 후지와라 마사가즈[藤原雅量]라는 사실이었다. 배구는 옛 친구를 만나 나라를 잃고 처자식을 잃은 채 거란에게 예능멸당하고 있는 자신의 신세를 한탄하면서 동단국을 위해 봉사하고 싶지 않다는 이야기를 했다. 그러나 후지와라가 이 사실을 보고하자, 일본 조정에서는 청천벽력 같은 대답이 왔다.

"오랑캐에게 항복해 두 임금을 받들고, 나아가 지금 임금의 죄를 말하는 사절을 받을 수 없다. 이런 사절을 보낸 동단국 역시 예절을 모르는 나라이므로 배구를 돌려보내라!"

직책상 어쩔 수 없다지만 옛 친구의 등을 떠미는 악역을 맡아야 했던 후지와라는 그 괴로운 심정을 다음과 같이 읊었다. 애조 띤 그 시구가 마치 발해를 위한 애상곡처럼 들린다.

강가 정자에 해는 져서 외로운 연기 엷어지고
산관(山館)에 사람이 드물고 저녁 비 나네.
만나서 처자가 다 흩어졌음을 말하는데
어느 나라에서 팔려 간 신하의 옷을 더 끌 것인가?

고려와 발해

고려의 전신인 태봉은 901년에 일어났고 발해는 926년에 망했으니, 태봉 시기까지를 합쳐도 고려와 발해가 공존한 기간은 불과 26년이다. 이 시기에 중원과 만주, 한반도는 모두 혼란에 빠져 있었다. 이때 태봉의 지도자 궁예를 몰아내고 권력을 잡은 왕건은 후삼국을 통일하고 한반도의 혼란을 극복했다. 그는 발해가 그랬던 것처럼 나라 이름을 '고려'라고 짓고 고구려를 계승하겠다는 의지를 안팎에 천명했다. 왕건이 발해를 '친척의 나라'라고 부르면서 거란을 용서할 수 없다고 한 것도, 수많은 발해 유민을 받아들인 것도 고구려에서 발해로 이어지는 역사 전통을 이어가려는 의지의 표현이었다.

▶ 발해와 후삼국이 공존하던 시기의 지도
궁예가 '후고구려'(태봉의 본래 이름)를 건국했을 때 그 북쪽에는 고구려를 계승한 발해가 있었다. 발해와 후삼국의 관계는 우리 학계의 미개척 분야 가운데 하나이다.

(지도: 발해, 평양, 철원, 해주, 송악, 후고구려, 멸주, 당성, 북원, 죽주, 상주, 웅주, 완산주, 공산, 김제, 신라, 금, 후백제, 강주, 금성(나주))

발해가 거란의 침략으로 멸망한 지 17년이 흐른 942년, 거란이 사신을 보내 낙타 50필을 바쳤다. 그러나 고려 태조 왕건은 "거란은 일찍이 발해와 잘 지내다가 갑자기 의심을 내어 맹약을 어기고 (발해를) 멸망시켰으니, 이것은 매우 무도한 짓으로 (거란과) 화친을 맺어 이웃한다 해도 오래 가지 못할 것이다"라면서 거란 사신 30명을 섬에 유배하고 낙타를 만부교 아래에 묶어 모두 굶어 죽게 했다.

하지만 발해와 고려가 공존하던 시기에 두 나라가 항상 우호적이었던 것은 아니다. 중원의 5대10국, 거란이 세운 요나라, 발해, 한반도의 후삼국 등이 얽혀 합종연횡을 거듭하던 이 시기에 고려는 현실주의적인 정책을 펼쳐 때때로 발해에 대해서 등을 돌리기도 했다. 요나라가 끝내 발해를 쳐서 무너뜨릴 때도 고려는 발해를 돕지 않고 형세를 관망했을 뿐이다. 또 왕건이 발해를 '친척의 나라'라고 한 것도 근대적인 의미에서 말하는 동족의 국가와는 차이가 있으며, 고려가 발해 유민을 대한 것도 오늘날 남북한 사람이 서로를 대하는 것과는 달랐다. 당시는 아직 우리 민족이 형성 과정에 있었다는 점을 유념해야 할 것이다.

과 거 와 현 재 의 전 령 사 들

중국과 러시아의 발해 연구

중국의 발해 학자_왕청리

● 중국과 러시아는 모두 발해사를 말갈의 역사로 규정하고 있지만, 그것을 토대로 서로 발해사를 자국의 역사에 끌어넣으려고 한다.

중국에서 발해 연구가 본격화된 것은 개혁·개방 정책이 실시된 이후로, 지금까지 발표된 수백 편의 관련 문헌 가운데 1980년 이후에 발표된 것이 90%에 이른다. 중국에서는 그들 역사의 범주를 현대의 중국 영토 안에 있었던 과거의 역사 모두로 잡고 있다. 이것은 그들의 소수 민족 동화 정책과 밀접하게 연관되어 있다. 문제는 이것이 남의 일이 아니라는 데 있다.

중국 학자들은 부여·고구려·발해가 현재의 중국 영토 안에 존재했던 나라라는 이유만으로 중국사의 일부로 다루고 있다. 그러나 이런 연구가 아직 체계화된 것은 아니다. 고구려사를 전공하는 학자들은 고구려사를 중국사로 다루고 있는데, 그 논리대로 한다면 발해가 고구려를 계승했건 말갈을 계승했건 간에 중국사에 속하게 된다. 그런데도 발해사 연구자들은 발해가 고구려를 계승한 사실을 굳이 부정하려고 안간힘을 쓰고 있는 모순이 발견된다. 최근에 와서야 이를 깨닫고 발해가 고구려를 계승했다고 하더라도 중국사에 속한다는 주장이 나오기 시작했다. 발해사에 대한 중국인들의 시각을 주도적으로 이끌고 있는 학자들로는 왕청리(王承禮), 쑨위량(孫玉良), 쑨진지(孫進己) 등이 있다.

그러나 이러한 시각은 근래에 이르러 조선족 학자들로부터 조용히 비판받고 있다. 정효 공주 묘비문에는 그의 아버지 문왕을 '황상(皇上)'으로 표현한 대목이 있다. 이것은 황제와 동일한 의미로서, 발해가 황제국을 표방하고 있었음이 확인되는 대목이다. 따라서 발해가 중국의 지방 정권이었다는 중국인 학자들의 견해는 타당성을 잃을 수밖에 없다. 그런 까닭에 이 구절에 대해서 중국인 학자들은 언급을 회피하고 있다.

발해의 전설

경박호 일대의 중국 동포 사이에는 다음과 같은 전설이 전해 내려온다.

발해의 마지막 임금 애왕(艾王)은 사직을 돌보지 않고 주지육림에 빠져들었다. 거란족이 쳐들어올 때도 왕은 어화원(御花園)에서 술판을 벌이고 있었다. 도성이 함락되었다는 말을 듣고서야 그는 예로부터 전해 내려오는 금으로 만든 보물 거울을 챙겨 신하들과 함께 서경(西京)으로 도망치기 시작했다. 그러나 경박호에 이르러 거란군에게 가로막히자, 하늘을 우러러 장탄식을 하고 거울과 함께 호수 속으로 뛰어들어 밑바닥으로 가라앉았다. 이때 신하들도 함께 뛰어들어 모두 머리 셋 달리고 눈이 여섯 달린 고기가 되었다고 한다(『조선족 민간 고사선』).

이 전설은 두 가지 역사적 진실을 말해 준다. 926년 발해를 멸망시킨 거란인 야율우지(耶律羽之)가 "발해국의 민심이 이반한 틈을 타 싸우지 않고 이겼다" 고 한 말처럼 당시 발해 왕실이 쇠퇴의 조짐을 보이고 있었다는 것이 그 하나이다. 또 하나는 발해라는 나라가 우리 민중의 잠재의식 속에서 연면히 우리 민족의 나라로 자리잡아 왔다는 것이다.

고구려가 중국의 분열기에 호빙한 상무 정신으로 우리 민족의 북방 생활권을 지키고 넓혀 나간 나라였다면, 발해는 중국 역사상 정치적으로나 문화적으로 가장 강력했던 통일기에 고구려를 계승하고 그 문화적 가능성을 한껏 키워 당나라도 감탄할 수준에 이르렀던 나라라고 할 수 있다.

▲ 『조선족 민간 고사선』 : 중국 소수 민족 민간 문학 총서의 하나로 연변민간문화연구회에서 펴낸 중국 동포 민간 설화 모음집. 1982년 상하이 문예출판사에서 나왔다.

▶ 러시아 인삼주 '발해의 별' 러시아에서 발해 건국 1300주년을 기념하여 만든 술.

남한의 발해 자취

남한에서 발해 자료가 가장 많은 곳은 서울대학교 박물관이다. 1993년 10월에 발해 유물들의 전시 공간을 마련했고, 모두 270여 건에 330점 정도를 소장하고 있다. 불상이 23건, 기와 종류가 133건, 토기가 62건, 전돌이 17건, 소조품이 59건 등이다.

이것들은 모두 일제 시대에 경성제대에 몸담고 있던 도리야마 기이치〔鳥山喜一〕, 후지다 료사쿠〔藤田亮策〕 등이 수집하고 발굴한 것이다. 현재의 중국 헤이룽장성 링안현 상경성 터에서 출토된 것들이 대다수를 차지하고 있다. 그러나 비교적 온전한 유물들은 일본으로 옮겨져 도쿄대학교 등에 보관되어 있고, 심지어는 일본의 한 사찰에까지 흘러 들어가 모셔져 있다. 반면에 서울대 박물관에 소장되어 있는 것들은 학술적으로는 의미가 있을지언정 예술적으로 평가하기에는 너무나 조각난 파편들이다.

그 밖에 국립중앙박물관과 국립민속박물관, 전쟁기념관 등에 발해 유물이나 복원품을 전시하는 공간이 마련되어 있다.

영순·남원을 본관으로 삼고 있는 태씨들은 남한에 남아 있는 얼마 안 되는 발해의 자취 가운데 하나이다. 태씨 하면 우리 사회의 연예인·경제인 모모씨 등을 떠올릴 수 있다. 물론 예명으로 쓴 연예인을 제외하고 말이다. 그들이 바로 대조영의 후손들이다(11쪽 참조).

경상북도 경산시에는 영순 태씨들이 집성촌을 이루고 있다. 이들은 발해가 멸망한 뒤 고려로 망명해 들어온 발해 유민의 후손이요, 대조영 일가의 후예이다. 그들은 강한 경상도 사투리를 쓰지만, 1천여 년 전 그들의 조상은 전혀 다른 억양의 '사투리'를 썼을 것이다.

▲ 남한 땅에 발해 왕족을 모신 사당이······ : 경상북도 경산시 영순 태씨 마을에 자리잡은 태씨 사당. 중시조인 태두남(太斗南)의 신위를 모셨다.

러시아의 발해 학자 샤프쿠노프

● 중국인의 주장에 대해 1960년대 옛 소련 학자 오클라드니코프도 비판한 적이 있다. 그는 모든 문화의 발상지를 중원으로 보는 중국인들의 견해를 '중국 중심주의', '아시아 중심주의'라고 비판하고 이를 극복할 것을 역설했다. 그 후의 발해사 연구자도 이를 이어받아 발해사의 독립성을 강조했다. 이에 대해 중국 학자들은 연해주를 점령한 러시아인이 그 지역의 역사마저 자기 역사로 끌어들이려는 '팽창주의'아니냐고 반박했다. 옛 소련의 발해사 연구는 이미 19세기 중반 제정러시아 때부터 시작되었지만 본격화된 것은 1950년대 말부터였다. 전문적으로 발해사 연구에 전념한 사람으로는 오클라드니코프의 제자로서 한국에도 두 번 다녀갔던 샤프쿠노프 박사이다. 이들로 인해서 연해주 지방에 남아 있는 많은 유적과 유물들이 조사되어 발해의 변방사 연구에 커다란 도움을 주고 있다. 연해주 지방에 대해서는 문헌 기록이 거의 없기 때문에 이들은 전적으로 고고학적 자료에 의존할 수밖에 없다. 이러한 한계성은 오히려 새로운 방법론의 개발을 부추겨 유적에서 출토된 곡물이나 동물 뼈를 분석하여 당시의 경제 상황을 파악하려 한 것은 주목할 만하다. 예를 들어 성터에서 소·말·돼지·개의 뼈들이 발견되었는데, 이 중에서 소 뼈를 분석해 보니 흥미있는 결과가 나왔다. 발해 전기 유적에서는 어린 소의 뼈가 많은 데 비해, 후기 유적에서는 늙은 소의 비중이 상대적으로 높아졌다는 것이다. 이것은 후기로 갈수록 소를 경작에 이용하다가 도살했음을 말해 준다.

러시아 학자들이 발해사를 독립된 역사로 보려는 데는 발해사를 중국사로부터 떼어내어 자국의 역사에 편입시키려는 의도가 깔려 있다. 이것은 이들의 연구 시각이 발해 전체보다는 연해주 지방에 국한되어 있고, 기본적으로 발해사 자체를 규명하기보다는 러시아 내에 있는 연해주 지방의 과거 역사 규명에 초점을 맞추려 하는 것과도 연관되어 있다. 그렇기 때문에 발해문화를 설명하면서 중국 문화 요소보다는 오히려 중앙아시아나 남부 시베리아 문화 요소를 지나치게 강조하고 있다. 그리하여 발해사를 러시아 극동의 소수 민족인 말갈족의 역사, 나아가서는 러시아 역사의 한 부분으로 파악한다. 그러면서도 고구려 문화와 발해 문화의 관련성에 대해서는 중국측보다 훨씬 더 강조하고 있다.

여기에 남북한도 가세하여 발해는 땅만 여러 나라로 갈라져 계승된 것이 아니라 역사도 여러 갈래로 나뉘어 있는 것이 지금의 현실이다.

발 해 · 가 야 생 활 관

전시 PART 2

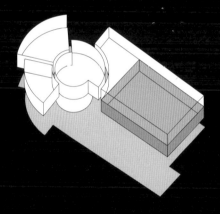

46
가 야 실
LIFE IN KAYA

이곳에서는 아름다운 남해 바닷가와 낙동강변을 따라 여러 가지 빛깔로 펼쳐
지던 가야인의 삶을 다양하게 보여 줍니다.

　고대 사회의 원동력인 철의 산지에 자리잡고 당시의 첨단 산업인 제철과
철기 가공 산업을 발전시킨 가야인, 동북아시아 각국의 바닷길이 만나는 교
역로에 자리잡고 고대 한·중·일의 교류를 이어 주던 가야인, 새와 고사리를
주제로 한 아름다운 무늬를 창조하고 이를 소재로 한 각종 그릇과 생활 미술
품을 남긴 가야인의 삶을 만날 수 있습니다.

철의 나라 가야

철은 고대 사회의 기본 동력이다. 철로 만든 농기구는
농업 생산력을 몇 배나 늘려 고대 사회에 부(富)와
여유라는 축복을 가져다 주었고, 철로 만든 무기는
살상 능력을 몇 배나 늘려 고대 사회에 정복과
파괴라는 참화를 가져다 주었다.
철제 농기구에 힘입어 빠르게 발전하던
고조선은 기원전 108년 철제 무기로 중무장한 한나라
정복군 앞에 숨을 거두었다. 그 자리에 한나라의
낙랑군·진번군·임둔군·현도군이 들어선 지 300여 년.
낙랑군을 뺀 세 군이 현지 토착민의 반격으로
곧 철수하고 본국인 한나라도 망했다.
이를 전후하여 한반도 중남부에 자리잡은 마한·진한·변한은
새롭게 형성된 국제 질서에 적극 대응하기 시작했다. 그들은
한나라의 그늘에서 벗어나 철제 농기구로 생산력을 빠르게
발전시켰으며, 중국에서 이주한 기술자를 받아들여 성장 기반을
다졌다. 특히 소금과 철을 전매 물품으로 통제하던 한나라가 해체되자,
가야의 여러 나라들은 풍부한 철광을 바탕으로 동북아시아
국제 무대에서 교역의 중심으로 급부상했다. 한나라 이후
다변화된 동북아시아 세계에서 김해의 가락국은 지리적으로
일본 열도와 중국 대륙을 연결하는 지점에 자리잡고 있었기 때문에,
자체 생산한 풍부한 철을 바닷길을 통해 주변 여러 나라에
공급할 수 있었다. 이처럼 가야는 고대 사회의 동력인 철이 그곳을
거쳐 동북아시아 여러 나라로 들어가는 국제 교역의 중추 기지로
역사에 얼굴을 내밀었다. 그런 가야인의 발자취에 대해 역사책은
말이 없지만, 우리는 그들이 남긴 철갑옷과 각종 그릇을 통해
그들의 삶을 되새겨 볼 수 있다.

▲ **가야의 중무장 기마 무사** : 흙으로 만든 인형으로, 말 엉덩이에 솟아 있는
두 개의 원통 장식과 아래의 굽다리를 빼고 보면 기마 무사의 원래모습을
짐작할 수 있다. 고대의 중무장 기마 무사는 오늘날의 장갑차만큼 위협적이었다.
한손에 방패를 쥐고 다른 한 손에 긴 창을 들고 있다. 경상남도 김해에서
출토되었다고 전해짐. 높이 23.2cm. 국립경주박물관 소장. 국보 275호.

허왕후릉 : 수로왕의 왕비인 허황옥의 무덤으로 전한다. 허왕후는 아유타국 공주로
서기 48년 바다를 통해 들어와 가락국 2대 왕이 된 거등을 낳고, 189년 157세로 죽었다고 한다.
왕비릉에는 왕비가 가져왔다는 파사석탑(婆娑石塔)이 있는데(『삼국유사』 가락국기),
이 탑은 호계사(虎溪寺) 터에서 옮겨온 것이다. 사적 74호.

수로왕릉 : 가락국 시조 수로왕의 능으로, 납릉(納陵)이라고도 부른다.
서기 199년에 수로왕이 158세로 세상을 떠나자, 대궐 동북쪽 평지에 둘레 300보의
빈궁(賓宮)을 세우고 장사 지낸 후 수로왕묘(首露王廟)라 했다고 한다(『삼국유사』 가락국기).
지금도 매년 정기적으로 제사를 지낸다. 사적 73호.

▲ 김해시 전경 : 봉황대 유적에서 북쪽을 바라본 모습. 고대 국제 교역항이자 제철 산업의 집산지였던 김해는 오늘날 지명에도 그 흔적을 남기고 있다.
도시 이름도 '쇠바다' 라는 뜻이고, 멀리 보이는 산맥이 있는 곳에는 생철(生鐵)과 생림(生林)이라는 지명이 있다.

전 기 가 야　　가야의 역사는 크게 두 시기로 나뉘며, 가락국이 국제 교역을 매개로 여러 가야를 대표했던 4세기까지를 '전기 가야' 라고 한다. 김해에 자리잡았던 가락국은 동북아시아 국제 교역의 주요 길목에 있었다. 가락국은 이런 입지 조건에다 풍부한 철 산지에 자리잡고 있다는 이점을 살려 중개 무역과 철 수출로 번영을 누렸다. 그러나 이러한 입지 조건은 거꾸로 이곳을 국제 분쟁의 무대로 만들어 전기 가야의 몰락을 초래한 요인도 되었다. 결국 고구려·신라 연합군이 가야·백제·왜 동맹을 깨기 위해 쳐들어와 교역로를 폐쇄한 400년 이래 가락국은 빠른 쇠퇴의 길을 걷게 되었다.

후 기 가 야　　400년 이후 562년까지 고령의 대가야국이 '가야 연맹'의 맹주로 활약한 시기. 가락국이 쇠퇴하자 가야의 여러 나라는 고령의 반파국을 중심으로 다시 뭉쳐, 5세기 후반에는 명실상부한 연맹 왕국으로 발전했다. 반파국은 스스로 가야의 맏형이라 여겨 대가야라 칭했다. 그리고 가락국은 남쪽에 있는 가야란 뜻에서 '남가야'로 격하되었다. 대가야국은 폐쇄된 낙동강 내륙 수로를 대신해 섬진강 루트를 개척하고, 백제·왜·남제 등과 직접 교류했다. 그러나 후기 가야는 백제와 신라의 팽창 정책에 밀려 더 이상 발전하지 못하고, 532년 금관국(남가야)을 필두로 562년 대가야국까지 차례로 신라에 무너졌다.

가 야 를 위 하 여　　대가야국 멸망 후 가야는 신라에 통합되어 역사 속에서 철저히 잊혀져 갔다. 다만, '가야' 라는 이름이 그 지역민의 애향심에 편승하여 정치적으로 이용되는 사례는 더러 있었다. 후삼국 시대에 신라에 반기를 든 영호남 일대 지방 호족이 자신의 정통성을 찾기 위해 '가야' 를 자칭하기도 했고, 실제로는 가야에 포함된 적도 없는 지역들이 오늘날 스스로 '가야의 후예' 임을 내세우기도 한다. 지금 절실한 것은 잊혀진 역사를 되살려 가야인 자신들의 목소리를 들어 보는 것이련만……

북조

낙랑군
대방군

등주 적산

남조

죽막동 가락국 왜

낙양

양주

4세기까지 대외 교역로 : 주로 중국 중원(中原)을 오가는 연근해 항로(沿近海航路)였으며, 환황해 항로(環黃海航路)와 일본 항로를 따라 대외 교역이 이루어졌다. 한반도 서북 지방과 요동(遼東)을 고구려가 장악하자, 안전한 대외 교역을 위해 황해를 가로질러 산동 반도와 직접 연결되는 항로도 새로이 개척하였다.

● 가야의 교역로 _3세기까지 서해 연근해 항로는 중국인이 장악했으나, 313년 고구려가 낙랑군과 대방군을 물리치면서 서해 북쪽 항로의 새 주인이 되었다. 그러자 백제는 서해를 가로지르는 새 직항로를 개척, 중국 남부와 교류했다. 가야는 중국과 일본을 연결하는 남해 연근해 항로를 일찍부터 주관했고 479년 서해 직항로를 통해 중국 남부 지방과 직접 교류하기도 했다. 백제·가야·왜를 잇는 국제 연대는 서로 연결된 바닷길 때문에 탄생할 수 있었다.

5~6세기 대외 교역로 : 환황해 항로가 고구려의 간섭으로 완전히 차단되자, 중국 대륙과 바로 연결되는 바닷길이 모색되었다. 그 결과 남중국해(南中國海)를 횡단하는 원해 항로(遠海航路)가 개척되면서 중국 남조(南朝)와 외교 관계를 맺게 되었다. 남조와의 외교는 그 동안 중원에만 의존했던 대외 관계가 다원화되는 계기가 되었다.

서기 240년 어느 날, 가락국 항구가 자못 부산스럽다.

왜로 가는 대방군 사신이 상인들과 함께 중간 기착지인 이곳에 들어왔기 때문이다. 왜에서도 이들을 자기 나라로 인도할 사람을 보냈다. 가야 각지의 상인들은 이들 외국 상인과 한바탕 거래를 하기 위해 낙동강 제철 공방에서 덩이쇠를 배에 싣고 모여들었다. ● 크기별로 한 꾸러미에 열 개씩 묶여 있는 덩이쇠는 앞으로 벌어질 교역에서 화폐 역할을 하게 될 것이다. 가락국은 늘 그랬듯이 가야 · 중국 · 일본 3국의 외교 무대이자 무역 중심지가 되어 불야성을 이루며 흥청거릴 것이다.

『삼국지』 왜인전 기록을 바탕으로 상상해 본 가락국의 사신맞이 장면. 서기 240년 왜로 가는 대방군 사신이 중간 기착지인 가락국을 방문하고 있다.

가락국 신지 : 고깔 모자를 쓰고 고운 삼베로 지은 긴 저고리와 바지를 입고 두루마기를 겹쳐 입었다.

무사 : 3세기까지는 판갑옷을 나무나 가죽으로 만들었으나, 나중에는 철로 만들었다.

왜인(倭人) : 남자들은 두건을 쓰고 폭이 넓은 천으로 몸을 감쌌으며, 여자들은 구멍을 뚫은 넓은 천을 옷으로 입었다. 이들은 맨발로 다녔다.

대방군 사신 : 하급 관리였던 제준은 관복을 입었고, '칠사관(漆紗冠)'이라는 모자를 썼다.

덩이쇠 : 가야에서는 10진법을 쓴 듯하다. 덩이쇠는 열 개를 한 묶음으로 꾸러미를 만들었다.

황제의 하사품 : 외교상 선물은 지배자의 권위를 나타내는 척도였다. 중요한 물품과 문서는 상자에 담아 끈으로 묶고, 함부로 열 수 없도록 매듭에 점토를 바르고 도장을 찍었다. 봉인(封印)이라는 말은 이를 두고 한 말이다.

●● **인수의책**(印綬衣幘)과 중국 중심의 동북아시아 국제 질서 _ '인수의책'이란 '직위를 나타내는 도장(인: 왼쪽 사진)·'도장을 허리에 묶는 끈(수)·'관리의 의복(의)·'관리의 모자(책)'를 말하며, 중국에서 신하들이 공식 행사에 참여할 때 갖추는 옷과 물품이다. 중국 황제는 정복한 땅과 조공을 바치는 주변의 지배자를 신하로 인정한다는 뜻에서 인수의책을 하사했다. 하사품은 중국 나름의 원리에 따라 차등 지급되었다. 즉 황제가 생각한 세상의 끝을 우대하고, 그 안쪽으로 들어올수록 등급을 낮추었다. 일본 열도의 왜는 세상의 끝이라 여겨졌기에 왕의 직위와 금 도장 및 보랏빛 도장 끈을 주었다. 중국에 가까워 위협의 여지가 있다고 여긴 삼한의 '신지'는 '읍군'의 직위에 은 도장과 푸른빛 도장 끈을 받았고, 그 아래 '읍장'의 직위를 받은 이는 청동 도장을 받았다. 도장은 물품이나 서류를 함부로 열어 볼 수 없도록 끈으로 묶고 매듭에 점토를 바르고 그 위에 찍어 확인하는 데 쓰였다. 인수의책의 등급은 받는 나라의 국력에 따른 것이 아니라, 이상 세계의 구성에 대한 중국의 관념에 따른 것이었다. 남제로부터 '왕' 칭호를 받은 대가야 왕 하지도 금 도장과 보랏빛 도장 끈을 받았을 것이다.

한바탕 교역이 벌어지다 ● 이 당시 대방군이 속한 중국 본토의 나라는 『삼국지연의』에 나오는 조조가 세운 위나라였다. 위나라 황제 소제는 자신에게 '왕'의 칭호를 달라고 요청한 왜의 여왕 히미코에게 '친위왜왕(親魏倭王)'이라고 새긴 금 도장과 보랏빛 비단 도장 끈을 전하라고 지시했다. 지금 가락국에 온 대방군 사신 제준은 그러한 황제의 명령과 하사품을 받들고 일본으로 가는 길에 들른 사람이었다. 그는 가락국 '신지(지도를 가리키는 가야 호칭)'인 거등에게도 이곳을 중간 기착지로 내주고 숙박과 교역 등 편의를 보아 준 데 대한 고마움의 표시로 많은 선물을 바쳤다.

수로왕과 허왕후의 소생으로 알려진 거등은 사실 대방군과 왜의 사신을 맞는 일이 썩 기분 좋은 일만은 아니었다. 위나라가 히미코에게는 '왕' 호칭을 주면서 자신에게는 한 단계 낮은 '읍군(邑君)'이란 호칭을 주었기 때문이다. '내가 이래 봬도 열두 가야를 이끄는 최고 지배자건만……'.

그러나 다시 생각하면 그건 어디까지나 위나라의 외교 행위일 뿐, 가락국으로서는 중개 무역으로 실리를 챙기면 되는 것이다. 그래서 거등은 흔쾌히 두 나라 사신을 맞이하고 무역상의 모든 편의를 제공하라고 지시했다.

왜의 상인은 희귀한 남방조개와 청동무기를 가득 싣고 와서 덩이쇠와 쇠칼·쇠낫·쇠도끼 등 완제품과 교환했다. 대방군 상인은 왜를 떠나 돌아가면서 다시 들를 때 확보할 덩이쇠의 질과 양을 알아보고 예약하느라 분주했다.

그들이 챙겨 온 물건들은 비단과 동전인데, 가야인이 구슬을 좋아한다는 사실이 알려지자 이번에도 온갖 구슬을 가득 준비해 왔다. 가락국은 거래하는 상인들과 희한한 물건을 구경하는 사람들로 인산인해를 이루고 있었다.

동북아 교역의 메커니즘 ● 중국의 한나라는 정복 활동만으로 이상 세계를 건설하기 어려워지자, 점차 주변의 여러 지배자를 명목상 신하로 두고자 했다. 또 삼한과 왜의 지배자들도 권력을 다지기 위해 외부의 강력한 초인격적 존재로부터 정통성을 인정받고 싶어했다. 문화 선진국이던 중국의 천자(天子)는 그러한 외부의 존재로 안성맞춤이었다.

이처럼 중국 황제의 야망과 삼한·왜 지배자들의 욕구가 서로 맞아떨어지면서 동북아시아 세계는 빠르게 결속되었고, 이를 뒷받침하기 위해 머나먼 바닷길을 오가며 상호 교류에 나섰다. 황제는 주변의 지배자에게 신하임을 상징하는 '인수의책'●●을 주고, 주변의 지배자는 황제에게 특산물을 조공으로 바쳤다. 조공에 대한 보답으로 받은 갖가지 선진 문물은 다시 내부의 지배층에게 배분되어 지배자의 권위를 과시하는 상징으로 활용되었다. 상인들도 이러한 국가간 외교 사절을 따라 나라를 넘나들며 필요한 물자를 유통시켰으니, 가락국은 그러한 공적·사적 유통의 십자로였다. ●●●

◀ ▶ **청동 세발솥과 금박 목걸이**
세발솥(왼쪽)은 중국 상주(商周)시대부터 쓰인 의례용 그릇. 한나라 때 중국 산시성 관영 공방에서 만든 것을 수입했다. 중국에서처럼 신분을 상징하는 물건으로 오랫동안 쓰이다가 3세기 때 무덤에 묻혔다. 세발솥의 어깨 부위에는 예서체로 만든 곳과 용량 및 무게가 기록되어 당시의 도량형을 파악하는 데 매우 중요하다. 목걸이(오른쪽)에는 금박을 입힌 유리 구슬도 있는데, 이 금박 구슬은 페르시아에서 중국을 거쳐 들어온 것이었다. 경상남도 김해 양동리 322호 무덤 출토.

▲ **내 방패가 일으키는 바람 맛 좀 볼래:** 청동으로 만든 바람개비 모양과 단추 모양은 방패 앞부분에 붙였던 장식품이다. 일본에서는 우리 나라와 달리 청동으로 만든 장식품을 4세기 말까지 꾸준히 만들었다. 왜(倭)가 가락국과 교역을 할 때 전해진 물품으로 이 밖에 청동으로 만든 창 끝, 돌로 만든 화살촉과 각종 장식, 남방조개도 있다. 경상남도 김해 대성동 고분군 출토.

●●● **항해의 안전을 기원하던 죽막동 제사 유적** _ 고대인은 원거리 항해 때 여울과 암초가 즐비한 연안 항로보다 뭍과 섬에서 떨어진 연근해 항로를 주로 이용했다. 그러나 서해안과 남해안을 따라 줄지어 있는 여러 유적에서 나온 외래 유물들은 안내자를 동반한 연안 항해도 곧잘 이루어졌음을 알려 준다. 안전한 연근해 항로와 기항지를 찾아드는 연안 항로가 공존하는 서해안과 남해안에는 다양한 해양 유적이 있다. 그 가운데 변산 반도 끝자락에 자리잡은 부안 죽막동 제사 유적은 가야와 왜에서 온 사람들이 백제 사람들과 함께 원거리 항해의 안전을 기원하던 곳이다. 변산 반도 앞의 칠산 바다는 특히 여울이 심해 해난 사고가 잦은 곳으로 유명하다. 그러기에 오늘날까지도 이 일대에는 수성당(水城堂)을 비롯한 여러 당집들이 해안과 섬 곳곳에 남아 있다. 변산 반도 앞에 있는 위도(蝟島)에서 해마다 열리는 '띠뱃놀이굿(오른쪽 사진)'도 그 가운데 하나이다. 이 모두는 바다의 안전을 기원하는 제사와 관련되며, 고대와 오늘을 이어 주는 연결 고리로서 역사의 의미를 지닌다.

가야의 미(美)

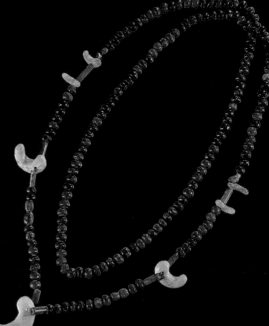

▲ 목걸이 : 짙은 남색의 둥근 구슬은 유리, 밝은 붉은 빛의 대롱 구슬은 마노, 어두운 갈색의 타원형 구슬은 호박이다. 유리 구슬은 가야사람들이 보배로 여기던 것으로 4세기 후반부터 직접 생산했다. 경상남도 합천 출토. 5세기 전반.

가야의 아름다움은 다양성의 아름다움이다.

그것은 절대 권위에 복종하지 않고, 대장을 따라 일사불란하게 늘어서지 않는다. 가야 미술품 하나하나에는 지역별로 뚜렷한 개성이 묻어 나온다. 얼마 남아 있지도 않은 금은 세공품들이 어쩌면 그렇게 같은 모양 하나 찾아볼 수 없을 만큼 서로 다를까?

결과만 두고 보면 가야 문화는 백제 문화와 신라 문화에 눌려 주변으로 밀려났지만, 다양성을 추구하는 현대의 가치 기준으로 보면 오히려 가야 것이 더 입맛을 돋운다. 가야 미술에는 또한 소박하면서도 세련된 아름다움이 있다. 가야 유물의 절대 다수인 질박한 토기와 철로 만든 장식품에는 백제에서 무슨무슨 박사로 불리던 고급 장인 못지 않은 가야 대장장이의 곰살궂은 손길이 느껴진다. 디자인의 주제를 지천으로 널린 풀과 계절마다 찾아드는 새에서 찾은 점에서는 가야인의 신실한 미학을 엿볼 수 있다. 거창한 추상 대신 소박한 구상(具象). 이것이 가야 미술의 감상 포인트이다.

▲ **청동 말 방울** : 말의 가슴에 매달던 청동 방울. 방울 모양을 그대로 이용하면서 표면에 익살스런 얼굴을 표현했다. 부리부리한 눈매와 오똑한 코, 주름 잡힌 이마와 쩍 벌린 입은 악귀로부터 말에 탄 사람을 보호하는 수호신의 면모를 갖추고 있다. 경상남도 합천 출토. 5세기 후반. 지름 6cm.

◀ **금 귀걸이** : 가야 귀걸이는 귀에 거는 고리가 가늘고 사슬로 엮은 드림 장식을 여러 가닥 늘어뜨린 것이 특징이다. 드림 장식은 간단한 꽃잎 모양도 있고, 입체로 된 원추 모양이나 치자 열매 모양도 있다. 경상남도 합천 옥전 고분군 출토. 길이 10cm.

◀ **금관** : 지금까지 두 개만 발견된 가야 금관 가운데 하나. 얇은 금판으로 머리띠와 솟은 장식을 만들고 금으로 만든 못으로 조립했다. 6세기 중반. 높이 13.7cm, 지름 16.7cm.

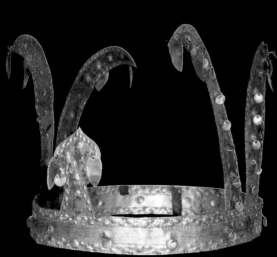

▶ **새 무늬 청동 장식** : 새가 이승과 저승을 잇는 영매였다고 생각한 가야인의 정신 세계를 잘 보여 주는 유물. 중심에 마주보는 두 마리 큰 새와 깃털 무늬를 두고 위에는 작은 새와 고사리 무늬를 배치했다. 경상북도 고성 출토. 4세기. 길이 8.9cm.

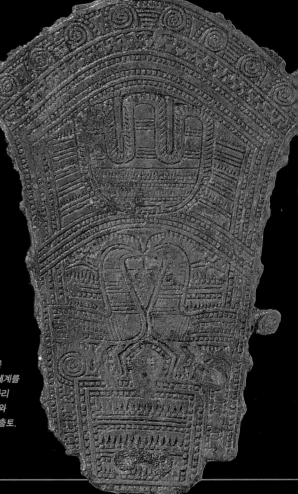

58

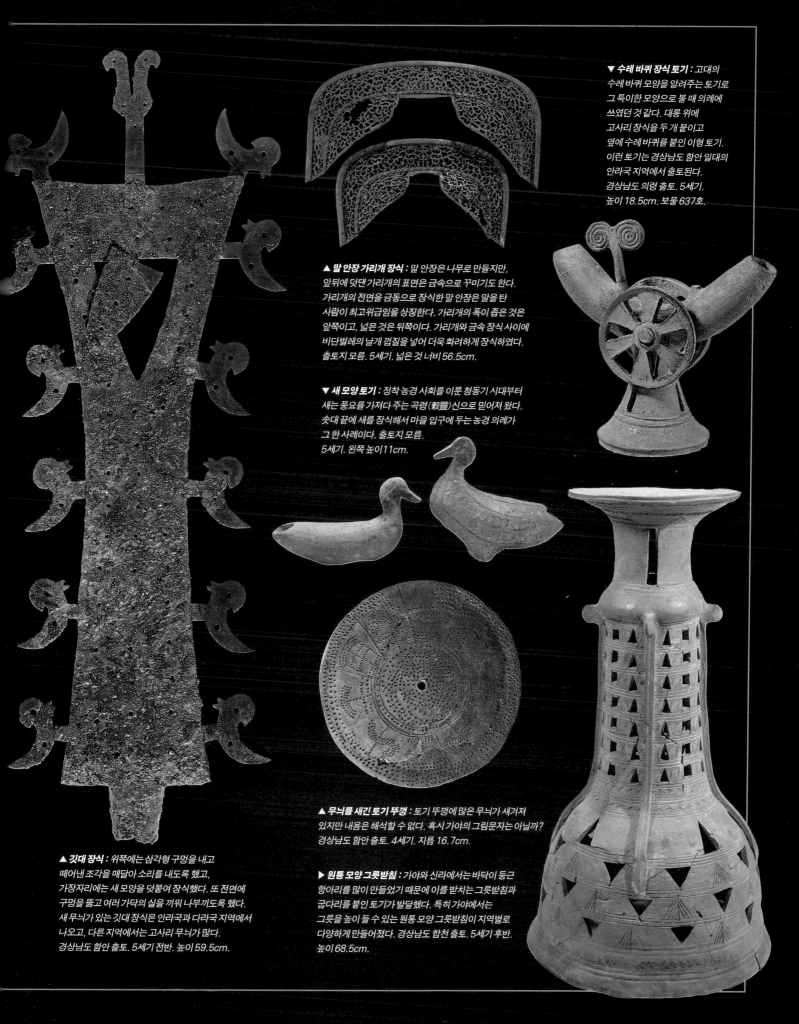

▼ **수레 바퀴 장식 토기** : 고대의 수레 바퀴 모양을 알려주는 토기로 그 특이한 모양으로 볼 때 의례에 쓰였던 것 같다. 대롱 위에 고사리 장식을 두 개 붙이고 옆에 수레 바퀴를 붙인 이형 토기. 이런 토기는 경상남도 함안 일대의 안라국 지역에서 출토된다. 경상남도 의령 출토. 5세기. 높이 18.5cm. 보물 637호.

▲ **말 안장 가리개 장식** : 말 안장은 나무로 만들지만, 앞뒤에 덧댄 가리개의 표면은 금속으로 꾸미기도 한다. 가리개의 전면을 금동으로 장식한 말 안장은 말을 탄 사람이 최고위급임을 상징한다. 가리개의 폭이 좁은 것은 앞쪽이고, 넓은 것은 뒤쪽이다. 가리개와 금속 장식 사이에 비단벌레의 날개 껍질을 넣어 더욱 화려하게 장식하였다. 출토지 모름. 5세기. 넓은 것 너비 56.5cm.

▼ **새 모양 토기** : 정착 농경 사회를 이룬 청동기 시대부터 새는 풍요를 가져다 주는 곡령(穀靈)신으로 믿어져 왔다. 솟대 끝에 새를 장식해서 마을 입구에 두는 농경 의례가 그 한 사례이다. 출토지 모름. 5세기. 왼쪽 높이 11cm.

▲ **무늬를 새긴 토기 뚜껑** : 토기 뚜껑에 많은 무늬가 새겨져 있지만 내용은 해석할 수 없다. 혹시 가야의 그림문자는 아닐까? 경상남도 함안 출토. 4세기. 지름 16.7cm.

▶ **원통 모양 그릇받침** : 가야와 신라에서는 바닥이 둥근 항아리를 많이 만들었기 때문에 이를 받치는 그릇받침과 굽다리를 붙인 토기가 발달했다. 특히 가야에서는 그릇을 높이 들 수 있는 원통 모양 그릇받침이 지역별로 다양하게 만들어졌다. 경상남도 합천 출토. 5세기 후반. 높이 68.5cm.

▲ **깃대 장식** : 위쪽에는 삼각형 구멍을 내고 떼어낸 조각을 매달아 소리를 내도록 했고, 가장자리에는 새 모양을 덧붙여 장식했다. 또 전면에 구멍을 뚫고 여러 가닥의 실을 끼워 나부끼도록 했다. 새 무늬가 있는 깃대 장식은 안라국과 다라국 지역에서 나오고, 다른 지역에서는 고사리 무늬가 많다. 경상남도 함안 출토. 5세기 전반. 높이 59.5cm.

불타는 교역로

아름다운 쪽빛 바닷가에서 고기도 잡고 장사도
하면서 오순도순 살던 가야인이라고 해서 마냥 순박하고
평화롭기만 했던 것은 아니다. 생존과 방어의 필요에서
빚어진 갈등과 전쟁이라는 드라마는 그들의 삶에도 따라붙었다.
그것은 번쩍거리는 철갑옷과 단단한 배가
수도 없이 동원되는 드라마였다.

◀ **가야의 배** : 가야의 배모양을
짐작하게 해주는 토기. 바닥은 앞뒤로
튀어나온 유선형이고 그 위에
이물과 고물을 편평하게 만든 선체를
올렸다. 중간에 노를 걸 수 있는
촉이 한 편에 여섯 개씩 나와 있고,
고물에는 키를 고정시키는 장치가 있다.
이 토기의 모델이 된 배는 바닥을 통나무로
만들고 뱃전·이물·고물을 판자로 만든
준구조선이었을 것이다.

투구 : 머리를 보호
하는 철로 만든 모자.
처음에는 넓은 철판을
잇대어 만들었으나
점차 좁은 철판을
여러 장 잇대는
것으로 발전했다.
투구 아래에
달린 것은
볼가리개이다.

◀ **가야의 갑옷** : 판갑옷은
넓은 철판을 잇대어 사람의
몸통에 맞게 통째로 만든 갑옷이다.
이것은 가야에서 전통적으로
사용한 갑옷으로 수백 개의 작은
쇳조각을 가죽으로 엮어 만든
북방 유목민의 비늘갑옷과 다르다.
가야의 판갑옷은 처음에는
가죽이나 나무로 만들었는데,
4세기 초에 철로 만든 것이
출현했다. 한편 4세기 말부터
고구려 등의 영향으로
점차 유목민이 착용한 비늘갑옷도
받아들여 판갑옷을 대체했다.

판갑옷 : 가야 판갑옷은
넓은 철판을 세로로
잇대어 몸통 부위를
만든 다음, 등판에
목가리개를 붙이고
표면에 고사리 무늬를
장식했다. 어깨 부위에
있는 초생달 모양의
부속은 목의 옆면을
보호하는 가리개.

▲ **말 머리 가리개** : 이런 갑옷을 씌운 말에 중무장한
장수가 탄 것을 철기(鐵騎)라 한다. 고대 철기의 모습은
가야의 무덤 유물과 고구려 고분 벽화로 짐작할 수 있다.
경상남도 합천 옥전 M3호분 출토. 길이 49.5cm.

가지 많은 나무에 바람 잘 날 없는 법. 작은 나라들의 연맹체인 가야에 내전
(內戰)의 먹구름이 감돌았다. 남해 앞바다에 수백 척의 배가 모여들고, 갑옷
을 입고 중무장한 사내들이 말을 타고 갯가에 도열했다.

4세기 초 어느 해 봄. 고자국·보라국·사물국 등 여덟 나라 칸들이 가
락국에 도전장을 내밀었다. 연맹 회의에 다녀온 고자국 칸은 일곱 칸 앞에
서 열변을 토했다. "가락국 칸은 지난번 중국·왜 상인들과의 장사 성과를
나누면서 우리를 무시했소! 제철 공방을 운영하는 안라국과 반파국 칸에겐
중국 거울을 주고, 나에겐 왜의 창을 주었소. 이건 명백한 차별이오."

섬진강 하구에서 온 사물국 칸이 "우리한테는 장터도 못 열게 하고, 자기
들만 배불리 먹겠다는 소리 아닙니까?"라고 외치자 박수가 터져 나왔다.

포상(浦上) 8국의 난 ● 전기 가야의 중심이었던 가락국에 불만을 품고
내전을 일으킨 남해 바닷가의 여덟 나라를 '포상 8국'이라고 한다(『삼국사
기』·『삼국유사』). 반란이 일어난 시기는 대체로 고구려가 중국의 동쪽 근거지
인 낙랑군과 대방군을 무너뜨린 4세기 초로 여겨진다.

포상 8국은 갯가에 살았다는 점에서 가락국과 닮았다. 그러나 가락국은 내
륙 수로를 끼고 있고 왜와 좀더 가까운 거리에 있다는 이점을 갖고 있었다.
게다가 중국 황제도 가락국을 밀어 준 덕분에 가락국은 대외 교역을 독점하
여 가야의 주도 세력이 될 수 있었다.

하지만 낙랑군·대방이라는 중국
세력이 몰락하면서 대외 교역망
에 혼란이 생기자, 포상 8
국은 곧바로 자신들의
지리적 장점을 확대하
여 이익을 얻고자 반란
을 일으켰던 것이다.

아듀! 가락국 ● 그러나 가락국을

● **가야인은 기마 민족?**_ 기마민족 정복 왕조설은 고대 일본의
무덤에 갑자기 나타나는 비늘갑옷, 등자, 안장 등 기마용 유물을
근거로 동북아시아의 유목민이 가야를 거쳐 일본에 들어가
정복 왕조를 건설했다는 에가미 나미오(江上波夫)의 가설이다.
이후 한반도계 이주민이 일본에 분국(分國)을 건설했다는
김석형의 논문이 발표되면서 이 가설은 큰 반향을 일으켰다.
그러나 특정 유물을 민족 이동과 결부시킨 이 가설은 내적 발전을
무시한 일방적인 문화 전파론이라는 비판을 받고 있다.

●● **고대 지배자 칭호 '칸'** _ 지배자의 칭호는 대부분 높은 어른을 일컫는 존칭어에서
나왔다. 한자로 표기되어 정확한 발음은 알 수 없지만, 말뜻은 비교적 분명하다. 그러므로
역사책에 표현된 지배자의 칭호가 소리글자인지 뜻글자인지를 구분해야 한다. 뜻글자로는
왕(王)·장수(長帥)·거수(渠帥) 등이 있고, 소리글자는 매우 다양하다. 중국의 역사책인
『삼국지』에는 진한과 변한의 지배자들 가운데 가장 높은 이를 신지(臣智)라 하고, 그 아래
차례대로 험측(險側)·번예(樊濊)·살해(殺奚)·읍차(邑借)라고 했다. 『삼국사기』와
『삼국유사』에는 처음부터 왕이 나오지만, 대부분은 후대에 관용적으로 붙인 칭호이다.
우리 나라 고대 사회의 지배자는 전통적으로 칸(Khan, 干)이라 했다. 수로왕 설화에 나오는

아홉 명의 칸이 대표적인 사례이다. 가야의 칸은 소리글자로 나타낼 때 간지(干支)·
간기(干岐)·한기(旱岐) 등으로 표기되며, 국명·직위·이름에 붙여 '○○칸'이라 한다.
『삼국지』의 '신지'도 칸을 표기한 소리글자의 하나로 추측된다. 칸은 원래 족장을 뜻하지만,
이후 모든 지배자를 칸이라 하고 왕 역시 나라 안에서 칸이라고 했다. 후기 가야 때는 한기
이외에 그 아래를 의미하는 차한기(次旱岐) 혹은 하한기(下旱岐)도 등장한다. 이는 사회 조직
이 발전하여 지배자들 사이에도 우열이 나타나게 됨으로써 '버금 혹은 아래의 칸'이라는 지위
가 생겨났음을 알려 준다. 아울러 신라의 왕을 가리키던 마립간(麻立干)은 칸들의 우두머리를
의미했다. 칸을 고구려에서는 가(加)라고 했고, 백제에서는 솔(率)이라고 표기했다.

무너뜨린 것은 포상 8국과의 내전이 아니라 훨씬 더 큰 규모로 벌어진 국가
간 전쟁이었다. 가야와 이웃한 신라는 대중국 교역을 매개로 연합한 백제·
가야·왜에 대해 불안을 느꼈고, 이 연합 때문에 중국과의 교역도 원활하지
않아 불만이었다. 이에 신라는 백제와 앙숙인 고구려를 끌어들여 가야와 왜
를 상대로 한 국제 전쟁을 감행했다. 서기 400년, 신라는 변경에 출몰하는
왜를 공격하기 위해 고구려와 연합군을 구성하여 가락국을 비롯한 김해 일
대의 가야 세력을 공격했다. 고구려의 기병과 보병 5만 명을 주축으로 한 고
구려·신라 연합군은 신라에 침공한 왜군을 몰아낸 뒤 "그 뒤를 급히 추격
하여 임나가라의 종발성에 이르러 항복을 받았다"(광개토대왕릉비). 이로써
불타는 교역로와 함께 가락국은 역사의 중심 무대에서 사라졌다. 고김해만
의 지배권은 신라로 넘어갔고, 가야는 해상 세력의 지위를 잃어버렸다. ●●●

두 얼굴의 '가야 연맹' ● 쪽빛 남해 연안에 점점이 흩어져 있는 작은 집
단들의 느슨한 연합체. 그것이 가락국을 중심으로 한 전기 가야 연맹의 모
습이었다. 그러나 포상 8국의 난과 고구려·신라의 침공이 말해 주는 것처
럼 고대 사회에서 이러한 연합체는 취약하기 짝이 없었다.

강력한 지배자가 없고 정치적으로 통합되지 않았던 가야 사회가 운명을
걸었던 것은 김해를 중심으로 한 국제 교역로였다. 이곳을 차지하고 있는
한, 중국·왜와의 국제 연대를 통해 생존을 이어갈 수 있었으니까. 그래서 가
야 연맹은 강한 군대와 대규모 선단(船團)을 유지하면서 찰흙처럼 똘똘 뭉
쳐 교역로를 지키기 위해 노력했다. 그러나 국제 정세의 변화에 민감할 수
밖에 없었던 가야 연맹은 국제 연대의 한 축인 중국에 변화가 일어나자, 금
방 모래알처럼 흐트러지면서 내란과 전쟁을 불러들이고 말았던 것이다.

가야식 토기 (김해)	가야—신라식 토기 (부산)	신라식 토기 (경주)

4세기 후반 · 4세기까지 부산 지역의 토기는 가락국이 있었던 김해 지역의 토기와 구분되지 않는다. 형태는 물론이고 무늬까지도 일치한다. 고김해만의 연안에 위치한 부산 지역은 김해 가락국의 영향 아래 있었다고 말할 수 있다.

5세기 전반

5세기 후반 · 5세기로 접어들면서 부산 지역의 토기는 급격히 신라의 왕경인 경주 지역의 토기를 닮아 간다. 4세기 말부터 미약하게 진행된 변화는 5세기 전반에 분명해지며, 5세기 후반에는 완전히 경주 지역 토기와 같아진다.

▲ **부산 지역 문화상의 변화 (가야 토기에서 신라 토기로의 전환) :** 고김해만의 정세 변화를 가늠해 볼 수 있는 근거는 광개토대왕릉비의 기록과 유물의 변화이다. 이 가운데 고고학에서 다루는 문화 변화는
유물로 설명된다. 유행이랄 수도 있고 강요된 집단 의식일 수도 있지만, 일상의 사소한 물건에도 그들이 속한 주류 문화의 흔적이 담겨 있는 법이다. 부산 지역의 토기 변화상은 이 지역이 가야에서 신라로 소속이
바뀌었음을 알려 준다.

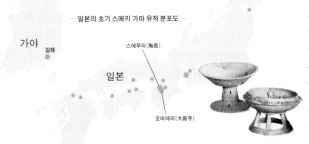

— 일본의 초기 스에키 가마 유적 분포도 —

가야
김해

스에무라(陶邑)

일본

오바테라(大庭寺)

●●● **가락국 중심의 전기 가야 연맹이 해체된 뒤 그 나라 기술자들이 일본으로 건너갔다는데**
일본 토기 가운데 회색의 단단한 스에키 토기(왼쪽 사진)는 그 전까지 쓰인 적갈색의 무른 하지키 토기와 뚜렷이
구별된다. 새로운 스에키는 태토 고르기, 가마 쌓기, 성형 등 모든 제작 기술을 지닌 사람들이 이주해
오지 않았으면 만들어지기 어려운 것이었다. 일본 긴키 지방의 스에무라와 오바테라 같은 스에키 가마에서 나온
초기 제작품은 가야 토기와 매우 비슷하며 그 후 점차 일본 고유 양식으로 발전한다. 이 경우 가야 공인들이
일본으로 이주해서 스에키 토기를 만들었다고 추측할 수 있다. 혹자는 400년에 고구려·신라 연합군이
낙동강 하구의 국제 교역항을 폐쇄한 것을 계기로 가야인이 이주했다고 보지만, 이전부터 이주가 진행되다가
이때 본격화했을 가능성도 있다.

가야에도 왕이 있었네

가야금과 가야의 왕

만인(萬人) 위에 군림하는 절대자인 왕과 소국(小國)들이
모여 있는 가야 사회는 어쩐지 서로 어울리는 것
같지 않다. 그러나 가야에도 왕이 있었고 그 왕권의 상징은
여러 줄이 조화를 이루며 음악을 만들어 내는 가야금이었다.
가야금과 가야의 왕 ─ 어떤 조화를 이루는 관계였을까?

◀ '대왕(大王)' 글씨가 새겨진 가야토기
전형적인 고령 양식의 뚜껑이 있는 목항아리.
몸통이 매우 작은 목항아리와
젖꼭지 모양의 꼭지가 달린 얇은 뚜껑은
6세기 중반의 것으로 짐작된다.
대가야국에서 대왕의 칭호를 사용했음을
알게 해주는 중요한 유물이다.
항아리 높이 16.8cm, 뚜껑 지름 10.8cm.

◀ 지배자의 상징, 금관
얇은 금판으로 머리띠와
풀 모양의 세움 장식을 만들고,
금이파리를 달았다.
도굴되었던 것이라 원래 모습
그대로인지는 분명하지 않으며
금으로 만든 장식들과 함께
나왔다. 금관은 고대 국가의
왕경(王京)에서만 출토되므로
대가야국 왕경인 고령에서 도굴된
것이 확실하다. 높이 11.5cm,
지름 17.4cm. 국보 138호.

대가야국의 지도자 가실이 악사 우륵을 불러 물었다. "우리 가야는 나라마다 방언이 서로 다르니, 어찌하면 하나로 할 수 있을까?"

그때 우륵의 손에는 가야금이라는 새로운 악기가 들려 있었다. 가실과 우륵은 고심 끝에 이 가야금으로 열두 가야의 이름을 붙인 열두 곡을 만들어 가야 전체에 보급하기로 했다(『삼국사기』).

대가야국이면 가야 여러 나라 중의 하나일 뿐인데, 왜 그곳의 지도자가 다른나라까지 포함한 전체 가야의 언어 통일을 고민할까? 그 이유는 간단하다. 가실은 단지 대가야국만이 아닌 가야 연맹● 전체의 지도자이며 칸 중의 칸, 가야인 전체의 왕이었기 때문이다.

중국 역사책에는 479년 '가라국' 왕 하지(荷知)에게 '보국장군본국왕(輔國將軍本國王)'이라는 칭호를 주었다는 기록이 있다(『남제서(南齊書)』). 이 '가라국의 하지'가 바로 가실이었던 것이다.

가야에도 왕이 있었다고? ● 가실왕이 새로운 악기와 노래를 만들었다는 것은 체계적인 음률이 마련되었다는 뜻이다. 그러한 음률은 수학적으로 계산된 도량형을 바탕으로 하는데, 고대 사회에서 이처럼 도량형이 정비되었다는 것은 새로운 사회 질서가 마련되었다는 뜻이다.

우륵이 지었다는 열두 노래의 이름은 가야 열두 나라의 지명이라고 한다. 이것은 왕이 주도한 새로운 질서 아래 열두 나라가 하나로 묶였다는 뜻이다. 즉, 가실왕의 등장과 더불어 가야인의 삶은 소국 연맹 시절의 느슨한 공동체에서 벗어나 훨씬 짜여진 고대 국가의 틀에 매이기 시작했던 것이다.

왕이 있긴 있었지만··· ● 그러나 궁극적으로 가야인의 삶을 통제하게 된 고대 국가는 완성된 가야 왕국이 아니라 신라였다. 가야는 중앙 집권적인 고대 국가로 나아가기 일보 직전에 멸망했기 때문이다. 그러니까 가실왕

후기 가야 연맹의 최대판도 (5세기 후반~6세기 초)

● **가야 연맹**_『삼국지』는 변한에 12나라가 있었다고 전한다. 이 12국이 끝까지 가야 연맹에 소속되었는지는 알 수 없으나, 일부 변동이 있었더라도 대체로 연속성을 지녔을 것이다. 『삼국유사』 가락국기에서는 가야 영역을 가리켜 동쪽은 황산강, 서남쪽은 푸른 바다, 서북쪽은 지리산, 동북쪽은 가야산, 남쪽은 우리 나라 끝이라고 했다. 유물로 본 가야 문화권은 동쪽으로 낙동강을 경계로 하고, 북쪽으로 가야산, 서쪽으로 지리산 산록, 남쪽으로 남해안에 걸쳐 있다. 가야 문화권은 김해·함안·고령·함안 등 독자적 문화 속성을 갖는 4개 권역으로 나뉜다. 이 가운데 고령권은 합천·거창·함안·남원·임실·진주까지 넓어지지만, 나머지는 중심지와 인근 일부 지역까지만 포괄할 뿐이다. 4개 권역 각각의 중심지는 김해 가락국, 함안 안라국, 고령 반파국, 고성 고자국이었다. 4개 권역의 독자성과 분립성은 약한 통합력으로 인해 연맹을 형성했던 정치 상황과 관련되었을 것이다. 이러한 분립성은 경주를 중심으로 일사불란한 통합력을 과시한 신라와 대비되는 특징이다. 다만 고령권이 지역적으로 확대되어 나가는 모습은 이 지역이 후기 가야 연맹의 맹주였음을 잘 보여 준다.

●●● **일본인이 보는 가야 역사**_ 일본에서는 야마토 정권이 4세기 후반 한반도에 진출하여 가야(임나) 지역에 '일본부'라는 기관을 두고 직접 지배했다는 '임나일본부' 설이 대세를 이루었다. 이 설은 광개토대왕릉비의 신묘년(391년) 기록을 자의적으로 해석하고 일부 중국 역사 기록과 이소노카미 신궁(神宮)에 있는 칠지도의 명문(銘文)을 근거로 만들어졌다. 이를 바탕으로 그 전까지는 믿지 않던 『일본서기』의 일부 기록을 재해석하면서 임나일본부설은 본격적으로 전개된다. 이 설의 출발점을 이루는 『일본서기』 '신공기' 49년 기록(야마토 정권의 가야 침공 기록)은 369년 백제 근초고왕이 가라 7국과

섬진강 일대의 4읍을 평정한 사실에서 주체만 백제에서 왜로 바꾸어 놓은 것이라는 지적이 많다. 임나일본부설과 관련된 기록은 백제의 역사책인 『백제본기』를 인용한 『일본서기』의 '흠명기'에서 집중적으로 나온다. 임나일본부가 우리 역사에 끼친 폐해는 무엇보다 군국주의 일본의 식민 침략을 정당화한 데 있다. 최근 국내외 학계에서는 임나 설정의 주체를 백제로 보고 '일본부'를 왜 사신과 관련된 외교 기관 정도로 파악하고 있으며, 이전에 제기된 임나일본부설은 인정하지 않는다.

◀ **가야 대왕의 무덤** : 경상북도 고령 지산동 44호 무덤. 대가야국 왕릉으로 짐작되는 대형 무덤이다. 돌방에는 주인공과 껴묻거리를 묻었고, 돌덧널에는 순장자를 묻었다. 지금까지 우리 나라에서 이렇게 많은 순장 덧널을 가진 무덤은 발견된 적이 없다. 이 일대의 고분군에는 은 귀걸이를 달았거나 큰칼을 지녔던 높은 신분의 순장자도 있었다. 동서 지름 27m, 남북 지름 25m, 봉분 높이 3.6m.

은 후기 가야 연맹을 대표하는 왕에 그쳤고, 통일 가야 왕국의 왕으로까지 되지는 못했던 셈이다.

또한 대가야국에서만 왕이 나온 것도 아니다. 『일본서기』에는 가야의 왕으로 '가라 왕'과 '안라 왕'이라는 두 왕이 소개되고 있다. '가라'는 후기 가야에서 가실왕의 출신지인 대가야국이나 전체 가야를 일컫는 말이고, '안라'는 함안에 근거지를 둔 가야 연맹의 한 소국 이름이다. 그런데 어떻게 이 작은 나라 안라의 지도자가 '왕'으로 불렸을까?

6세기 들어 대가야국이 백제와 신라의 집요한 책략으로 쇠퇴해 가자, 남부 지역에 근거를 둔 가야의 작은 나라들은 안라국을 중심으로 다시 뭉쳐 가야의 부활을 꾀했다. 바로 이때 이 조직을 이끈 이가 '안라 왕'이었다. 그러나 그가 군림한 기간은 길지 않았고, 가야의 왕들은 그 이름에 걸맞은 위세를 한 번도 제대로 부려 보지 못한 채 역사의 뒤안길로 사라져 갔다.

▶ **지배자의 위엄, 투구** : 구슬을 연결한 모양처럼 철판을 오려 형태를 만들고, 가장자리에 금동판을 덧대어 한껏 멋을 부렸다. 또한 정수리에는 관(冠)을 끼울 수 있게 뚫어 두었다. 경상남도 합천 옥전 M3호 무덤 출토. 투구 본체 높이 20cm, 볼가리개 높이 17.7cm.

▶ **지배자의 멋, 장식큰칼**
손잡이에 고리가 있어 '고리자루 큰칼＝환두대도(環頭大刀)'라고도 불린다. 지배자를 상징하는 장식큰칼은 손잡이와 칼집을 금은으로 장식하고 봉황이나 용을 새겨 넣었다. 이런 칼은 가야·백제·왜에서 유행했으며, 신라에서도 몇 자루가 발견되었다. 경상남도 합천 옥전 M3호 무덤 출토.

●●● **안라국 지배자의 무덤** _ 1992년 경상남도 함안에서 아파트 공사 도중 우연히 발견된 무덤. 그 안에서 말 갑옷이 출토되어 마갑총(馬甲塚)이라는 이름을 붙였다. 구덩이를 파고 그 안에 주검과 부장품을 두는 덧널(木槨)을 설치했다. 주검 양쪽에 나란히 펼쳐 놓은 말 갑옷은 한 벌이지만 분리시켜 한 쪽씩 나누어 두었다. 이전까지 고구려 고분 벽화로만 알려진 중무장 기병인 '철기(鐵騎)'의 실체를 실물로 확인시켜 준 귀중한 유물이다. 또 가야에서 각종 무기와 도구를 철로 만들었고, 이를 지배자의 무덤에 함께 묻어 권위를 상징했다는 사실도 보여 준다. 말 갑옷 외에도 금으로 장식된 큰칼과 많은 토기가 함께 출토되었다. 기마 무사였던 안라국 지배층의 무덤으로 짐작된다. 5세기 초. 덧널 길이 6m, 너비 2.3m, 깊이 1m.

발 해 · 가 야 생 활 관

전시 PART 3

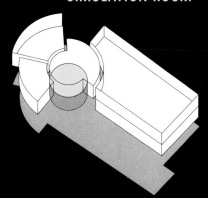

66
가 상 체 험 실
SIMULATION ROOM

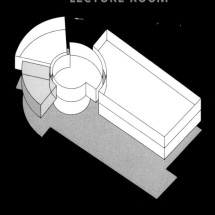

74
특 강 실
LECTURE ROOM

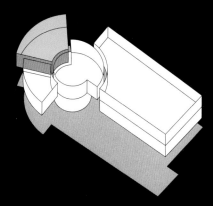

82
국 제 실
INTERNATIONAL EXHIBITION

'가상체험실'에서는 고대 철기 제작 기술의 꽃이던 철갑옷이 만들어지는 공정을 따라가며 가야인의 우수한 기술 세계를 체험합니다.

'잊혀진 나라' 가야와 발해를 우리 역사 속에서 올바로 자리매김하려면 어떻게 해야 할까요? 우리에게 익숙한 개념인 '삼국 시대'에는 가야가 끼여들어갈 자리가 없어 보입니다. 또 '통일신라 시대' 역시 발해를 위한 배려가 없는 개념입니다. '특강실'에서는 이 까다로운 문제에 대해 학계의 권위자들이 명쾌한 해설을 해 줍니다.

여러분은 발해를 고구려인과 함께 세우고 이끌어간 말갈인이 중국 마지막 왕조인 청나라를 세운 만주족의 조상이라는 것을 아십니까? 근대 이전 우리 역사는 중국과 일본 못지않게 말갈 · 거란 · 돌궐 등 북방 유목민과의 교류와 투쟁 속에 움직여 왔습니다. '국제실'에서 체계적으로 정리된 우리 오랜 이웃들의 역사적 계보를 확인하십시오.

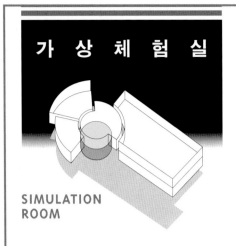

철은 재료가 흔하면서도 청동기보다 단단해 일상 생활용품에서부터 살상 무기까지 그 쓰임새가 매우 넓고 다양하다. 그래서 철 산업은 고대 국가가 나라의 운명을 걸고 기술 개발에 박차를 가하는 전략 산업으로 떠오르게 되었다. 발해 와 가야를 비롯한 고대 국가들은 철광석 산지와 제철 기술자를 확보하기 위해 어떠한 대가도 치를 태세가 되어 있었 다. 풍부한 철 산지와 핵심 제철 기술을 보유한 가야의 낙동강변 제철소에서 고대 제철 산업의 현장을 만난다.

고대 사회의 용광로, 철기 공방을 가다

가야의 주요 교통로인 낙동강을 따라 올라가면 이 나라 최대의 공업 지대가 나타난다. 공장들은 편리한 교통로를 따라 강변에 점점이 흩어져 있고, 그 주변 야산은 나무들이 헐벗은 채 밑동만 남아 있다. 무엇을 만드는 공장이기에 이토록 산과 숲을 못 살게 구는 걸까? 이곳이야말로 쓸모 없어 보이는 광석 덩어리를 캐다가 빛나는 철제 갑옷을 뽑아 내는 가야의 자랑, 최첨단 제철 공방이다! 그 마술적 공정의 세계로 독자 여러분을 안내한다.

❷ 밖에서 본 제철소와 광산 — 고대 제철소의 입지 조건으로는 연료인 숯으로 쓰일 나무가 풍부한 곳, 생산물을 쉽게 운반할 수 있도 록 교통이 편리한 곳이 우선 꼽힌다. 제철 공정에는 숯이 철광석의 세 배나 들기 때문에 부근에 나무가 많아야 하고, 철광석 산지(광산)도 가 까이 있어야 한다. 그림은 경상남도 양산 물금 지역의 제철 유적지를 토대로 복원한 고대 제철소 전경. 당시에는 광산 근처까지 바닷물이 들어와 배를 이용한 교통이 매우 편리했다.

제철소

◀ **판갑옷과 투구**: 여러 가지 형태의 철판을 이어 붙여 만든 판갑옷으로 가야에서 많이 제작되었다. 초기에는 주로 세로로 철판을 이은 세로 판갑옷이 제작되다가 후기에는 이와 같이 가로로 철판을 이어 붙인 가로 판갑옷이 널리 제작되었다. 경상북도 고령 지산동 고분 32호분 출토. 높이(판갑옷) 47.5cm .

▲ **철광석**: 자연에 존재하는 여러 가지 철의 재료. 왼쪽부터 능철, 적철, 자철, 갈철.

노천 광산 : 철광석이 땅 위에 그대로 드러나 있다. 이 때문에 특별히 깊은 갱도(坑道)를 만들 필요가 없었다.

광석 고르기 : 광석에 붙어 있는 불순물을 떼어내고 철 함량이 높은 부분만을 골라서 제철소로 운반한다.

숯공장

숯가마 : 가마의 방향이 산의 등고선과 평행하게 자리잡고 있는 것이 숯가마의 특징이다.

숯의 재료 : 화력이 좋은 참나무와 소나무를 쓴다.

불을 지피는 구멍.

나무를 넣고 꺼내는 구멍들.

백탄 만들기 : 숯에는 흑탄과 백탄이 있는데, 제철 작업에는 고온의 백탄을 쓴다. 가마에서 숯을 꺼내 곧바로 모래를 덮으면 백탄이 된다.

1 용광로에서 땔감으로 쓰일 숯을 생산하는 곳. 쇠를 만드는 데는 철광석의 세 배에 해당하는 숯이 필요하므로 숯 공장 장인의 일손은 늘 바쁘다. 그들은 숯을 굽는 일뿐 아니라 나무를 베고 다듬는 일, 다 만든 숯을 묶어서 제철소까지 운반하는 일을 한다.

숯을 구울 때는 숯가마에 나무를 가득 채우고 구멍을 막은 다음 불구멍으로 불씨를 댕긴다. 중요한 것은 구멍을 열고 탄 나무를 꺼내는 시간을 잘 맞추는 일. 자칫 때를 놓치면 숯이 아니라 재만 남으니까.

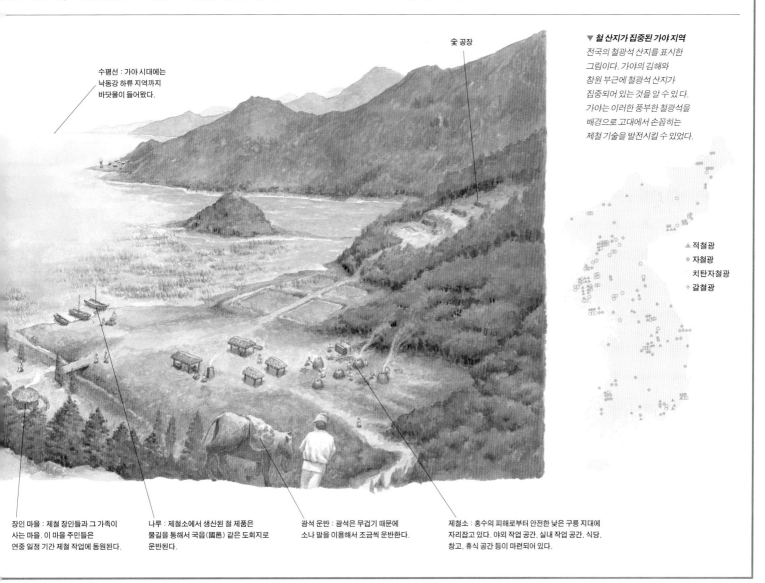

숯 공장

수평선 : 가야 시대에는 낙동강 하류 지역까지 바닷물이 들어왔다.

장인 마을 : 제철 장인들과 그 가족이 사는 마을. 이 마을 주민들은 연중 일정 기간 제철 작업에 동원된다.

나루 : 제철소에서 생산된 철 제품은 물길을 통해서 국읍(國邑) 같은 도회지로 운반된다.

광석 운반 : 광석은 무겁기 때문에 소나 말을 이용해서 조금씩 운반한다.

제철소 : 홍수의 피해로부터 안전한 낮은 구릉 지대에 자리잡고 있다. 야외 작업 공간, 실내 작업 공간, 식당, 창고, 휴식 공간 등이 마련되어 있다.

▼ 철 산지가 집중된 가야 지역
전국의 철광석 산지를 표시한 그림이다. 가야의 김해와 창원 부근에 철광석 산지가 집중되어 있는 것을 알 수 있다. 가야는 이러한 풍부한 철광석을 배경으로 고대에서 손꼽히는 제철 기술을 발전시킬 수 있었다.

▲ 적철광
● 자철광
치탄자철광
✦ 갈철광

❸ 제철은 땀과 불과 바람의 화음 속에 이루어진다. 장인들은 땀을
뻘뻘 흘리며 잘게 부순 철광석과 숯을 '노' 라고 부르는 큰 도가니 속에
넣는다. 불을 붙이고 센 바람을 불어넣으면 불길이 치솟으며
노 속의 광석들이 서서히 녹기 시작한다. 노의 구멍을 통해 불순물이
다 흘러나오면 노 속에는 쇠만 남는다. 그러나 이것은 아직 재료가 되는
철을 만드는 1차 제련 작업에 불과하다. 철의 성분을 좋게 하려면
추가로 특별한 공정이 필요하다.
처음 얻은 쇳덩어리를 다시 녹이거나 반복해서 두드리는
과정을 거쳐야만 가공하기 쉽고 단단한 좋은 철이 된다.
이 그림에서 쇳물을 만드는 노의 모양은 백제 석장리
제철 유적을 토대로 복원했고, 풀무는
비슷한 시기 일본과 중국 자료를 참고했다.
가야에서도 이와 비슷했을
것으로 짐작된다.

제철로

숯 : 불이 잘 일도록
작은 크기로 잘라서
쓴다. 숯과 철광석은
조금씩 계속해서
넣어 주어야 하므로
각각 담당자가
있게 마련이다.

철광석 : 녹기 쉽도
엄지 손가락 크기
잘게 부수어서
노에 넣는다.

발풀무 : 두 사람이 시소를
타듯이 번갈아 밟으면서
바람을 일으킨다.
상자 모양의 큰 노에서는
이런 대용량의 풀무가
이용되었을 것이다.

노의 바닥 : 쇠가 만들어질 때
발생하는 가스를 흡수하고
열이 땅바닥으로 스며들지 않도록
노 바닥에 숯과 모래·점토를 깔았다.

상자 모양의 노 : 많은
양의 광석을 녹일 수 있다.
우리 나라에서 한 점이
발견되었다.

불순물 : 광석을 가열하면
처음에는 슬래그라는
불순물이 흘러내린다. 이것은
쇠보다 낮은 온도에서 녹고
쇠보다 비중이 가벼운 물질이다.

동그란 노 : 열 손실이 적어서
가장 널리 쓰였다. 우리 나라
제철 유적에서 발견된 것은
대부분 이 같은 둥근 노이다.

철 덩어리를 가공하는
'용해로' : 제철에 쓰는 노와
비슷하나 규모가 작은 것이
특징이다. 앞에서 얻은
철 덩어리와 못쓰게 된
철기를 넣어서 순수한
쇳물을 얻는다.

용해로

손풀무 : 손으로
앞뒤로 밀었다
당기면서 바람을
일으킨다. 2~3대를
동시에 쓰기도 한다.

▲ **주조한 쇠 괭이와 거푸집**
*위의 두 개는 괭이이고 가야에서
제작된 것이다. 아래쪽에 있는 것은
거푸집으로 경주에서
발견된 것이다. 맨 오른쪽 것은
거푸집 안쪽 틀로 도끼 자루를 끼는
구멍이 된다.*

주조 철기 만들기 : 용해로에서
얻은 쇳물을 쟁기나 도끼 등
여러 가지 모양의 틀에 부으면
간단한 철제 도구가 된다.

4 철광석을 녹여 쇳덩어리 만들기 — 쇠를 녹이는 데 가장 중요한 것은 높은 온도를 유지하는 일이다. 그러기 위해서는 강한 바람을 불어넣어야 하는데, 이때 노에 바람을 불어넣는 기구를 '풀무'라고 한다. 풀무를 만드는 기술이 제철 기술을 정할 정도로 풀무는 중요하다. 가야 때에는 이미 큰 상자를 이용한 대용량 풀무를 썼다. 쇠 만드는 작업에서 풀무 다음으로 중요한 도구가 노다. 쇠는 1000℃ 이상에서 녹기 때문에 끓는 쇳물을 받는 그릇인 노는 높은 온도와 압력을 견뎌야 한다. 가야인들은 노를 만들 때는 진흙에 모래·짚을 섞어서 다진 다음 오랫동안 불을 땠다. 이때 모래와 짚은 노에 작은 공기 구멍을 만들어 주는데, 이 구멍 덕분에 노는 높은 온도와 압력에도 터지지 않는다. 노가 위로 올라갈수록 안쪽으로 기우는 것도 열 손실을 줄이고 연기가 위로 잘 통하도록 하기 위한 기술적 고려에서 나왔다.

5 거푸집에 쇳물을 부어 '주조 철기' 만들기 — 1차 제련한 쇳덩어리를 이용해서 간단한 쇠 도구를 만드는 공정. 쇳덩어리는 철광석과 달리 불순물이 거의 없으므로 순수한 쇳물을 얻을 수 있고, 거푸집을 이용해서 간단한 형태의 철기를 만들 수 있다. 이렇게 쇳물을 부어서 만든 철기를 '주조 철기'라고 하는데, 이것은 대체로 두들겨 만든 것보다는 강하지 않다. 그런데 쇠는 그 속에 포함된 탄소의 비율에 따라서 그 성질이 달라진다. 탄소가 너무 많이 포함되어 있으면 깨지기 쉽고, 탄소가 너무 적으면 물러져서 형태가 쉽게 변하거나 닳는다. 따라서 좋은 철기란 탄소의 비율이 함유된 이루어진 철기를 말한다. 고대 제철소에서 철 장인은 조개 껍질과 숯을 이용해서 탄소의 양을 조절했다.

단야로 : 쇠를 달구는
장치. 달구어진 쇠를
두드리는 것을
'단야' 라고 하므로
이 노를 '단야로' 라고
부른다.

입체 재단 : 인체에
맞는 곡면을 만들기
위해 나무 본을 대고
철판을 두드린다.

공방1

쇠못을 눌러
박아서 철판을
연결하고 있다.

철판들의
연결 부위에
구멍을 뚫어서
못이나 가죽
끈으로
연결한다.

대장간

입체 재단을 위한
나무 본을 제작하고 있다.

6 쇳덩어리로 여러 가지 제품을 만들고 있는 철기 공방 ─ 같은 쇳덩어리라도 어떻게 가공하느냐에 따라 성질이 달라진다. 철 장인은 물건에 따라 단단함의 정도가 다른 여러 가지 성질의 쇠를 만들어 낸다. 하나의 제품도 날 부분과 손잡이의 강도를 달리 만들 정도로 장인들의 솜씨는 아주 노련했다. 1차로 생산된 쇳덩어리를 여러 번 두드리면 강도 높은 철 덩어리를 얻을 수 있다. 이 덩어리는 대·중·소 세 가지 크기로 만들어 곧바로 각종 철 제품을 제작할 수도 있었고 돈처럼 주고받을 수도 있었다. 오랜 작업에 익숙해진 장인은 굳이 저울을 이용하지 않고 눈어림만으로도 정확한 세 단계 크기의 덩어리를 만들어 낼 수 있었다.

모루 : 쇠를 두드리는 작업
받침대. 쇠를 구부리거나 형태를
만드는 작업을 할 때는 각이
지거나 둥근 모양의 작업대를
쓴다.

▼ 쇠를 두드리는 도구들 : 쇠를 두드리는 작업에는 단야로와 함께 받침대와 집게·망치·끌·숫돌 등이 사용된다. 이들 도구는 처음에는 단순한 것에서 출발했지만 쇠를 두드리는 단조 기술이 발달하면서 작업량과 구체적인 용도에 맞추어 다양하게 제작되었다.

담금질용 물

집게 : 물건을 집는 부분에 따라 구별된다. 두꺼운 철 덩어리를 펴기 위해 집는 것. 얇은 철판을 구부리는 데 사용하는 것 등 용도에 따라 모양이 다르다.

망치 : 용도에 따라
다른 것을 쓴다.
때리는 부분의 폭이
좁은 것일수록 정밀
가공에 사용된다.

간이 단야로

숫돌 : 금속 제품의
표면을 매끈하게
갈거나 낫이나 칼,
도끼 등의 날을
세울 때 쓴다.

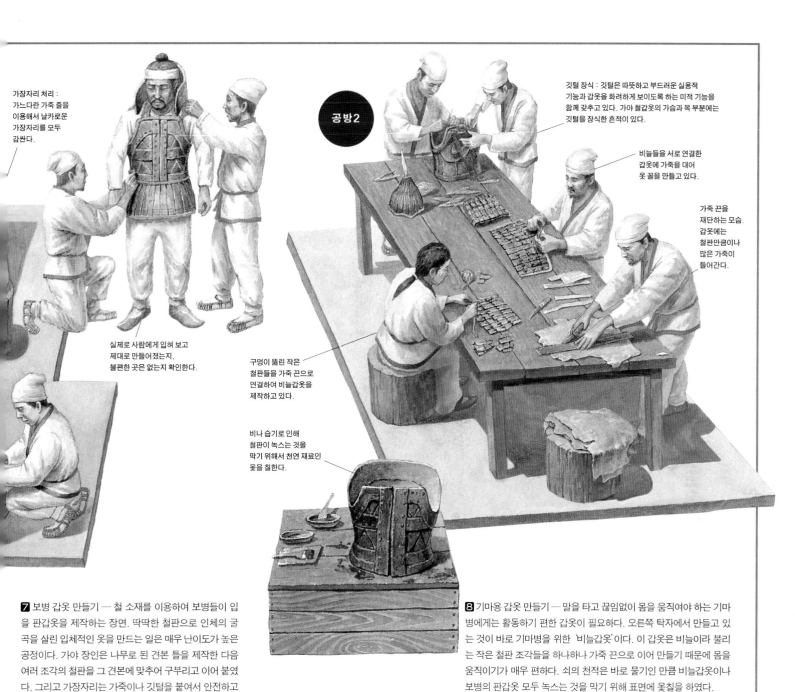

가장자리 처리 :
가느다란 가죽 줄을
이용해서 날카로운
가장자리를 모두
감싼다.

실제로 사람에게 입혀 보고
제대로 만들어졌는지,
불편한 곳은 없는지 확인한다.

공방2

깃털 장식 : 깃털은 따뜻하고 부드러운 실용적
기능과 갑옷을 화려하게 보이도록 하는 미적 기능을
함께 갖추고 있다. 가야 철갑옷의 가슴과 목 부분에는
깃털을 장식한 흔적이 있다.

비늘들을 서로 연결한
갑옷에 가죽을 대어
옷 꼴을 만들고 있다.

가죽 끈을
재단하는 모습.
갑옷에는
철판만큼이나
많은 가죽이
들어간다.

구멍이 뚫린 작은
철판들을 가죽 끈으로
연결하여 비늘갑옷을
제작하고 있다.

비나 습기로 인해
철판이 녹스는 것을
막기 위해서 천연 재료인
옻을 칠한다.

7 보병 갑옷 만들기 — 철 소재를 이용하여 보병들이 입을 판갑옷을 제작하는 장면. 딱딱한 철판으로 인체의 굴곡을 살린 입체적인 옷을 만드는 일은 매우 난이도가 높은 공정이다. 가야 장인은 나무로 된 견본 틀을 제작한 다음 여러 조각의 철판을 그 견본에 맞추어 구부리고 이어 붙였다. 그리고 가장자리는 가죽이나 깃털을 붙여서 안전하고 아름답게 마감했다.

8 기마용 갑옷 만들기 — 말을 타고 끊임없이 몸을 움직여야 하는 기마병에게는 활동하기 편한 갑옷이 필요하다. 오른쪽 탁자에서 만들고 있는 것이 바로 기마병을 위한 '비늘갑옷'이다. 이 갑옷은 비늘이라 불리는 작은 철판 조각들을 하나하나 가죽 끈으로 이어 만들기 때문에 몸을 움직이기가 매우 편하다. 쇠의 천적은 바로 물기인 만큼 비늘갑옷이나 보병의 판갑옷 모두 녹스는 것을 막기 위해 표면에 옻칠을 하였다.

〈 갑옷은 어떻게 연결하나 〉

갑옷도 일종의 옷이다. 하지만 천과 달라서 단단하기 때문에 연결하기가 쉽지 않다. 철판 연결하는 기술은 갑옷 만드는 방법이 발전하면서 함께 발전하였다. 갑옷 연결법은 갑옷의 종류에 따라 다르다. 철판을 통째로 이어 붙이는 판갑옷은 주로 못을 박아서 연결했다. 처음에는 못 머리를 납작하게 눌러서 못 자국이 거의 보이지 않도록 하다가 나중에는 볼록한 못 머리를 장식적으로 살리는 방법을 선호했다. 비늘갑옷은 모두 가죽 끈으로 연결했다.

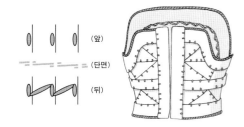

(앞)

(단면)

(뒤)

판갑옷 바느질

후기의 판갑옷은 못을 이용해서 연결했지만, 초기 판갑옷은 가죽 끈을 이용해서 박음질한 것이 많다. 이때는 비늘갑옷과 마찬가지로 철판 가장자리에 작은 구멍들을 뚫어서 홈질이나 박음질 등 옷감에서 쓰는 바느질과 유사한 방법으로 연결했다. 쇠못을 이용한 후기 갑옷은 초기의 누더기 갑옷에 비해 훨씬 매끈하고 세련된 모습으로 변화된 것이다.

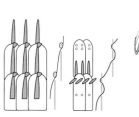

비늘갑옷 잇기

조각 하나하나에 뚫려 있는 작은 구멍들이 박음질 구멍이다. 이 구멍의 위치와 갯수가 다양한 것은 바느질 방법이 달랐음을 뜻한다. 이때 바늘 땀은 실용성과 장식성을 겸하는데, 기본 원칙은 조각들을 먼저 가로로 연결한 다음 세로로 연결한다는 것이다. 모든 조각이 연결되어 있는 것으로 보아 한 곳이 끊어지면 전부 다시 이어야 하지 않았을까?

철로 만든 무기의 세계

어느 시대나 최첨단 기술이 집약되는 분야가 전쟁 무기였다는 것은
슬프지만 외면할 수 없는 인류 사회의 진실이었다. 고대 사회도
예외는 아니어서 당시의 첨단 제철 기술은 창이나 칼 같은 공격용 무기와
투구나 갑옷, 방패 같은 방어용 무기에서 가장 화려한 꽃을 피웠다.
이런 무기는 살상 도구일 뿐 아니라 지배와 권력의
상징물이기도 했다.
하긴 지배자가 최상급 살인자이던 시대였으니.
특히 금관이나 비단 예복 등이 발달하기 전,
갑옷과 칼은 권위의 상징이었다.
여기 등장하는 전사들에게서도 볼 수 있듯이
당시에는 무장한 차림새에 그 사람의
계급과 역할이 새겨져 있었다.

철겸 : 낫에 긴 자루를
단 것으로 기마전에
유리한 무기이다. 적을
말에서 끌어내리는 데 썼다.

창은 삼국 시대 보병과
기마병이 가장 널리 쓴
무기이다. 창을 갖고 있는
부대는 전투의 주력군이었다.
그런 만큼 갑옷에 투구까지
갖추었다.

궁수 : 1분에 10발
가까운 활을 쏘아야
하는 궁수의 경우
기동성을 위해서 갑옷은
웃옷만을 입었다.

도끼 부대 병사 : 도끼는
상대를 쳐서 쓰러뜨리는
공격용 무기로 삼국 시대
보병의 주무기 중 하나였다.
도끼 부대 병사는 날렵해야
했으므로 부분 무장만 했다.

▼**가야의 무기들** : 5세기 때의 것으로
위에서부터 말 머리 가리개, 보병용 판갑옷,
투구, 고리칼, 창 끝, 화살촉이다.
갑옷이나 투구는 방어용 무기이고,
칼이나 창 등은 공격용 무기로 분류된다.
말에서부터 온몸에 이르기까지
철기로 무장한 가야의 기마 병사를
당시 사람들은 '철기' 라고 불렀으며 이들은
오늘날 장갑차와 같이 위협적인 존재였다.

가로 판갑옷 :
가로로 철판을
연결해서 만든
보병용 갑옷.
5세기 후반부터
등장하며
매우 실용적이다.

문장 : 위엄을 드러내기 위해 머리부터 발끝까지
전 무장을 했다. 그가 들고 있는 무기는 '도(刀)'.
날이 양쪽에 있는 것을 '검(劍)'이라 하고
쪽에만 있는 것을 '도'라고 한다.
는 권위를 상징하는 의례용 무기의 성격이 강하다

세로 판갑옷 : 세로로
철판을 연결해서 만든
보병용 갑옷으로
주로 4세기에
제작된 것이다.
가야의 경우,
여기에 고사리 무늬나
새 무늬 장식을
달기도 했다.

곡도(曲刀) : 4세기경 가야
지역에서만 나온, 흔치 않은
무기로 매우 위협적이다.

가야 장군 : 장군임을 말해 주는 표시는
황금 장식이 붙은 투구와 봉황이 장식된
고리칼이다. 그는 위아래 통, 어깨, 목, 팔,
심지어 타고 있는 말의 몸통과 얼굴까지
완벽하게 가렸다. 말을 타고 있는 만큼
활동이 편한 기마용 미늘갑옷을 입었다.

기수 : 깃대 끝에
가야인이 즐겨
사용한 상징인
쇠로 만든 새 무늬
장식이 꽂혀 있다.

등자 : 말을 달릴 때 발을
얹는 기구. 등자의 이용으로
달리는 말에서도 무사는
손을 자유롭게 쓸 수 있다.

특강_송기호

발해 유적이 중국·러시아·북한에만
있는 상황에서 몇 안 되는
한국의 발해 전문가
가운데 한 명으로, 20여년 간
만주와 연해주를 오가며 발해사를
천착해 왔다. 저서로
『발해를 다시 본다』(주류성), 역서로
『발해고』(홍익출판사)등이 있다.

우리 나라 사람에게 발해사라 하면 '발해사' 그 자체가 아니라 '발해사!' 또는 '발해사?'로 받아들여진다. 느낌표가 붙는 경우에는 찾아가야 할 만주 땅이라는 낭만성이 깃들여 있고, 물음표가 붙는 경우에는 발해사에 대한 막연한 느낌이 깔려 있다. 여기서는 마음을 차분히 가라앉히고 '발해사 그 자체'를 우리 역사 속에서 어떻게 자리잡도록 할 것인가를 생각해 보기로 하자.

통일신라 시대인가 남북국 시대인가

그 동안 발해사는 한국사에서 제자리를 찾지 못하고 마치 한국사의 부록 취급을 받아 왔고, 이런 의미에서 발해사를 '한국사의 미아'라고 부르기도 한다. 그런 탓에 우리 머리 속에는 발해사를 무조건 우리 역사라면서 우기고 싶은 생각과 함께, 어차피 접근할 수 없기 때문에 연구할 수도 없고 발해사가 별로 중요한 것도 아니라는 체념이 함께 자리잡고 있다.

구체적인 예를 한 가지 들어 보자. 통상적으로 고구려·백제·신라가 세력 다툼을 벌이던 시기를 '삼국 시대'라 하고, 고려가 있었던 시기를 '고려 시대'라고 하며, 그 중간 시기를 '통일신라 시대'라고 부른다. 그런데 삼국이 있었기 때문에 삼국 시대라고 한다면 당연히 신라와 발해가 있었던 시기는 두 나라를 포괄하는 시대 이름을 붙여야 하는데, 사실은 통일신라사 안에서 발해사를 서술해왔다. 이렇게 되면 발해사는 독립된 역사가 아니라 통일신라 역사의 부록에 불과하다.

그러면서도 발해사는 우리 나라 역사라고 누누이 주장해 왔으니 상호 모순되지 않는가? 이 문제를 해결하고자 '통일신라 시대' 또는 '통일신라 및 발해 시대'란 용어 대신에 두 역사를 쉽게 포괄할 수 있는 '남북국 시대'란 용어를 사용하자는 논의가 일찍부터 있어 왔다.

"남북국 시대가 좋다"

이러한 논의는 일찍이 유득공의 『발해고』(1784)를 비롯한 조선 시대 실학자들에게서 비롯되었다. 그러나 그들의 역사 찾기 열기는 바람 앞의 등불 같았던 조선 왕조의 운명과 함께 바로 식어 버렸다. 장도빈·이용범 등 선구자들의 노력이 있었지만, 이우성이 남북국 시대론을 다시 제기한 것은 『발해고』 이후 200년이 지난 1970년대의 일이었다. 당시에는 일부가 이 주장에 호응하는 데 그쳤지만, 1980년대부터 남한 학계에서도 발해사 연구가 활기를 띠기 시작했고, 후반기부터는 남북한 통일 문제가 사람들의 이목을 집중시키면서 남북국 시대론이 더욱 주목을 받게 되었다.

그리고 1990년에 나온 고등학교 교과서부터 이 견해가 반영되었으니 반가운 일이 아닐 수 없다. 그러나 통일신라 시대란 명칭을 사용하자는 분위기가 아직 남아 있는 것도 사실이다. 남북국 시대론은 주로 발해사 전공자들이 제기하는 단계에 머물러 있으며, 북한·중국·일본에서는 이 용어를 채택하는 데 회의적인 태도를 취하고 있다.

"남북국 시대는 곤란하다"

중국이나 러시아 학자들은 왜 남북국 시대란 용어 사용에 반대할까? 그들은 발해사가 한국사에 속할 수 있다는 주장을 일일이 반박하며 그 타당성이 아예 없다거나, 근거가 부족하다고 지적한다. 발해사를 한국사에 편입시키지 못하면 남북국 시대란 용어를 사용할 수 없는 것은 당연하다. 그렇지만 이들은 대부분 자신의 논리만 고집하는 일방적인 주장에 그치고 있다. 그들 중 일부는 남북한 학자들의 논리적 취약성을 파고들어 반박하는 경우도 있는데, 아무리 그러한 취약성이 인정된다고 해도 그것만으로 반대의 논리가 타당성을 가지는 것은 아니다.

그렇다면 북한 학자들은 어떨까? 그들은 발해사가 한국사에 속해야 한다는 당위성은 인정하면서도 남북국 시대란 용어는 사용할 수 없다고 주장한다. 왜냐하면 발해와 신라가 하나의 통일체에서 갈라진 것이 아니기 때문이라는 것이다. 그러면서 현재의 남북한은 한국(조선)이란 하나의 통일체를 상정하고 그것이 일시적이나마 갈라져 있는 것인데, 신라와 발해는 하나의 통일체에서 갈라진 것이 아니기 때문에 '남북국'이 될 수 없다고 덧붙인다. 즉, '남북한'과 '남북국'은 동격이 아니라는 것이다. 그러나 중국의 남북조 시대란 용어를 보자. 그것이 하나의 통일체에서 갈라진 것을 상정하고 사용한 것인가? 그렇지 않다. 최근 중국에서는 발해사가 한국사에 속할 수 없다면서, 하나에서 갈라진 것이 아니기 때문에 사용할 수 없다는 북한의 논리를 빌려 오는 역설적인 상황도 벌어지고 있다.

그런가 하면 당시 발해와 신라, 또는 발해와 고려 사이에 동족 의식이 존재하지 않았다고 주장하면서 남북국 시대론을 따르지 않는 경우도 있다. 고려로 들어온 발해인이 동족이 아니라 오히려 이민족으로 취급받았다는 것이다(42쪽 참조).

일본 연구자 가운데는 신라가 발해를 '북국'이라 한 것(39쪽 참조)은 동일 민족의 북쪽 부분이란 의식에서 나온 것이 아니라 단순한 방위 개념에 불과한 것이라고 지적한 학자도 있다. 이용범은 우리 역사와의 공동 추억체 의식이 발해 역사에 결여되어 있다는 점을 지적하면서 이를 한국사에 넣는 데 주저한 적이 있다.

이러한 주장들에는 받아들이기 어려운 것도 있지만, '북국'을 어떤 의미로 썼는가에 대한 해석과 같은 것은 타당성이 전혀 없는 것은 아니다. 그러나 전반적으로 볼 때, 민족과 민족 의식이 확립된 근대 민족 국가 단계의 이론을 바탕으로 해서 고대나 중세의 상황을 판단하는 것은 잘못이다. 발해사를 바라보는 데 현재의 기준이 직접적으로 투영되어서는 안 될 것이다.

유득공의 『발해고』(1784)_그 서문의 일부는 다음과 같다. "고려가 발해사를 짓지 않았으니, 고려의 국력이 떨치지 못하였음을 알 수 있다. …… 부여씨가 망하고 고씨가 망하자 김씨가 그 남쪽을 영유하였고, 대씨가 그 북쪽을 영유하여 발해라 하였다. 이것이 남북국이라 부르는 것으로 마땅히 남북국사가 있어야 했음에도 고려가 이를 편찬하지 않은 것은 잘못된 일이다."

정약용의 『강역고』_한강을 경계로 북쪽은 고조선-한사군-고구려-발해로 이어지고, 남쪽은 삼한-백제·신라·가야로 이어진다고 보아 북방 계열과 남방 계열의 역사를 동등하게 다루고 있다.

발 해 와 신 라

남북국과 남북한 _ 남북국의 경계는 대동강과 원산만을 잇는 선으로, 733년 신라가 당나라의 요청에 따라 발해의 남쪽을 공격했다가 실패한 뒤 정해졌다. 남북한의 경계는 1953년, 역시 남북간 전쟁의 결과로 획정되었다.

남국 · 북국이란 용어가 민족 동일체 의식을 포함하고 있는지 여부에 따라 남북국 시대론의 타당성을 검증하는 것은 출발부터 잘못되었다. 오히려 8세기에서 10세기 전반에 이르는 시기의 한국사 범주에 신라와 발해가 모두 포괄되어야 한다는 것을 전제로 한다면, 당시에 사용되던 명칭에서 유래한 남북국 시대란 용어가 가장 적합하다고 생각된다. 다시 말해서 남북국이란 용어 그 자체에는 민족 동일체 의식이 포함되어 있지 않다고 하더라도, 이를 끌어들여 오늘날의 한국사 서술에도 활용하는 것은 얼마든지 가능하다. 발해가 옛 고구려 영토를 대부분 회복했고 고구려의 후계자를 자처하는 등 이 고대 국가를 우리 역사 속에 집어 넣어도 좋을 이유는 적지 않기 때문이다.

그러면 한국사에서 신라사와 발해사가 차지하는 비중이 다른데 어떻게 대등한 두 나라라는 느낌을 주는 '남북국 시대'를 사용할 수 있는가 하는 의문이 제기될 수 있다. 통상 일반 대중은 신라에 비해 발해가 엄청나게 큰 대제국이었다는 인식이 강한 반면, 학계에서는 기존 한국사 체계 속에서 차지하는 위상을 기준으로 삼아 신라에 발해보다 더 큰 비중을 두어 왔다. 그렇지만 당시에는 발해와 신라의 국력에는 큰 격차가 없었다고 보아야 한다. 8세기에는 신라의 국력이 우위를 점했지만, 통일신라 하대 사회에 해당하는 9세기에는 오히려 발해의 국력이 우위를 차지했다. 당나라에서 책봉을 받은 두 나라 왕의 지위를 비교해 보아도, 대체로 신라가 우위에 있었지만 발해 문왕 후기에 해당하는 762년부터 문왕 말년까지는 발해가 앞서는 현상이 나타난다.

9세기 말에 일어난 발해와 신라의 외교 경쟁(38쪽 참조)도 전통적 우위를 유지하려는 신라와 현실적 우위를 인정받으려는 발해 사이의 경쟁 사건이었다. 발해는 9세기에 들어 '해동성국'이라는 칭호를 얻기까지 했다. 따라서 당시의 상황만을 놓고 본다면 두 나라의 국력은 전반적으로 대등했다고 보는 것이 가장 무난한 평가일 것이다.

그렇다면 시대 구분론이 무엇을 기준으로 삼아야 할 것인가 하는 근본적 물음이 제기될 수 있다. 독립된 두 나라가 존재했던 당시의 상황인가, 아니면 '그 뒤 한국사가 둘 중 어느 나라를 더 많이 계승했느냐'인가? 여기서 우리는 중국 남북조 시대를 참조할 수 있다. 남북조에 이어 나타난 수나라는 북조를 계승한 나라지만 남북조 시대란 용어는 그대로 사용되고 있다. 그럴 경우 남북국에 이어 나타난 고려가 '남국'인 신라를 계승했어도 남북국 시대란 용어는 여전히 유효한 것 아닐까?

그런데 같은 시기에 두 나라가 있었다는 '남북국 시대'를 쓰게 되면, 신라가 '한반도를 통일했다'는 의미에서 '통일신라'라는 용어는 쓸 수 없는 것일까? 마지막으로 이 문제를 검토해 보자.

'통일신라'의 문제

신라의 삼국 통일은 전통적으로 최초의 민족 통일로 평가되어 왔고, 남한에서는 지금까지도 이 견해를 그대로 수용하고 있다. 그러나 북한에서는 1950년대까지 이 견해를 따르다가, 1960년대 이후에는 통일이 아닌 부분적 통합에 불과하다고 평가했고, 1979년 『조선전사』 이후로는 이마저 부정하고 말았다. 이에 따라 신라에 대한 용어도 '통일신라', '통합신라', '후기신라'로 변모해 갔다. 이렇게 삼국 통일의 의의를 부정하면서 고려의 후삼국 통일을 부각시켜, 마침내 『조선전사』에 이르러서는 고려를 역사상 첫 통일 국가로 인정했다.

이러한 주장은 발해사가 한국사에 속한다면 어떻게 신라의 통일을 인정할 수 있겠는가 하는 논리에 근거를 두고 있다. 그러나 삼국 통일과 남북국 시대론이 상호 배치된다고 보면서 고려의 통일이 최초의 통일이라고 주장하는 것은, 언제부터 단일 국가가 되었는가 하는 기계적이고 외면적인 판단에 따른 것이다. 더구나 한국사에서 발해사의 위상을 다시 생각해 보면 그렇게 쉽게 판단할 수는 없다. 발해가 비록 고구려 계승성을 지닌 국가이지만, 영토나 주민 모두 고구려로부터 그대로 물려받은 것은 아니다. 그 성격에서도 통일신라와는 달리 한국사이면서 만주사에 속할 수도 있는 양면성 내지 중첩성을 보인다. 따라서 발해사를 한국사의 중심으로 보려는 시도는 역사적 실상과 거리가 있을 수밖에 없다.

발해가 건국된 것은 고구려가 멸망한 지 30년이 지난 뒤이고 통일 전쟁이 일단락된 뒤로부터도 20여 년이 흐른 뒤이다. 따라서 발해는 삼국 통일이 일단락되고 나서 새롭게 등장한 국가로 보아야 한다. 그런 의미에서 발해의 건국은 신라의 삼국 통일이 부분적인 통일에 그쳤던 한계성을 다시 '보완'해 주는 사건이었다. 그래도 신라의 통일은 통일된 공동체를 한 번도 형성하지 못했던 단계에서 하나로 합쳐지는 단계로 나아가는 전환점을 이루었다는 점에서 중요하다. 신라는 통일 후에 9주와 9서당을 설치하고 삼국민을 동등하게 대우하여 이들을 하나로 통합하려는 의지를 보여 주었다. "삼한을 일통하였다〔三韓一統〕"는 신라인의 의식도 여기서 비롯되었다. 고려 이후 현재에 이르는 민족 유산은 이런 의식에 기반을 둔 통일신라의 전통에서 왔음을 염두에 둘 필요가 있다.

결론적으로 발해가 한국사에 속한다는 것과 신라의 삼국 통일이 역사적 의의가 있다는 두 가지 평가에서 어느 하나도 부정되어서는 안 된다. '남북국 시대'란 용어를 사용하는 것이, '삼국 통일'을 인정하며 '통일신라'라는 용어를 사용하는 것과 상호 배치되는 것은 아니다. 발해사는 이처럼 한국사에서 독특한 위지를 차지하고 있다.

발해에서 발견된 '신라' 불상 _ 연해주 크라스키노 성터에서 발견된 석불상. 광배(光背)가 달린 좌상으로 넉넉한 미소를 머금고 있다. 그 특징으로 보아 신라 불상이 남북국을 연결하는 '신라도'를 통해 발해로 들어간 것일 가능성도 점쳐지고 있다.

서양에 가장 많이 알려진 우리 나라의 고대 국가 가운데 하나가 가야라고 한다. 그러나 그것은 한국사 속의 '가야 연맹'으로서가 아니라 일본이 주장하는 '임나일본부', 즉 고대 왜(倭) 정권의 식민지로서 알려진 것이다. 우리 학계는 많은 노력으로 이런 왜곡된 역사를 바로잡는 데 성공했지만, 가야사는 아직도 우리 역사 속에서 제자리를 찾지 못하고 있다.

특강_김태식

가야사에 관심을 갖는 학자는
많아도 가야 전문가는
그리 많지 않은 풍토에서
「가야제국연맹의 성립과 변전」으로
박사 학위를 받은 이래 20여 년 간
가야사 연구에 전념해 왔다.
저서로 「가야연맹사」(일조각)
등이 있다.

삼국 시대인가 사국 시대인가

삼국 시대의 관념은 신라인의 주장

우리는 보통 한국 고대사를 삼국 시대와 통일신라 시대라는 이름으로 표현한다. 그러나 고구려 · 백제 · 신라가 우리 나라를 셋으로 나누어 지탱하고 있었던 것은 562년부터 660년까지의 98년 간 이었으므로, 삼국 시대를 고집하면 그 이전의 천년 이상을 버리게 된다.

삼국 시대라는 관념은 고려 시대 중기의 정치가 겸 역사가인 김부식이 1145년에 편찬한 사서 『삼국사기』에서 비롯되었다. 지금은 그것이 현존하는 가장 오래된 역사서이나, 고려의 시인 이규보의 말에 따르면 그 이전에 고려 전기부터 『구삼국사』가 있었다. 이들 역사서의 이름만 보아도, 고대의 역사를 '삼국'으로 정리하는 것은 일단 고려 시대 사람들의 인식에서 비롯한다고 볼 수 있다. 이러한 역사 인식은 어떻게 보면 고려인이 발해를 제외한 후삼국을 통일한 것을 그보다 앞선 고대까지 소급하여 반영한 것일 수도 있다.

그러나 이 같은 고려인의 인식은 사실 신라인의 역사 인식을 계승한 것에 불과하다. 『삼국사기』에는 신라의 건국 연대가 가장 오래된 것으로 기록되어 있는데, 이것은 최후의 승자인 신라인의 주관적인 역사 인식을 물려받은 것이 틀림없다. 『삼국사기』에서는 그러한 신라인의 인식을 의심하거나 수정하려는 노력이 전혀 보이지 않는다.

또한 692년에 신라가 당나라에 보낸 국서를 보면, 신라인은 삼한과 삼국을 동일시하고 신라가 삼한을 통일한 것을 자랑스럽게 생각하고 있었다. 그래서 신라 말의 최치원은 마한이 고구려가 되고 진한이 신라로 되고 변한이 백제로 되었다고 보았는데, 김부식은 『삼국사기』에서 최치원의 견해가 옳다고 한 것이다.

그렇다면 신라인의 역사 인식과 그것을 계승한 고려인의 인식이 현재의 관점에서 보아도 옳다고 할 수 있을까? 삼한과 삼국을 동일시하는 것도 따져 볼 문제이거니와, 우리 역사의 터전에서 존재했던 고조선 · 부여 · 가야 · 발해 등을 무시하는 것은 더 큰 문제이다. 가야만 보더라도 동쪽으로는 경상남·북도의 낙동강 유역부터 서쪽으로 소백 산맥을 넘어 전라남·북도의 동부 지역에 이르는 지역 주민들의 고대사를 무시하게 되기 때문이다. 이는 결국 한편으로는 우리 나라 역사를 왜곡하고 다른 한편으로는 민족 전체의 경험을 시간적·공간적으로 축소시키는 결과가 된다.

실학자들의 확장된 역사 인식에서는 사국 시대

이처럼 잘못되고 축소된 역사 인식은 민족 전체의 힘을 하나로 모으는 데 좋지 않은 기능을 하게 마련이다. 그래서 고려 후기에 오랫동안 몽골의 침입을 물리치기 위해 큰 시련을 겪은 후 당시의 사상계를 이끌던 일연은 『삼국유사』를 저술하여 삼국 시대의 관념을 확대하고자 했다. 이 책의 제목은 '삼국의 남은 일들'이란 뜻이지만, 그 속의 '기이'편에는 고조선(왕검조선)·마한·말갈=발해·5가야 등 고대사의 모든 나라를 망라하고 장문의 가락국기를 실었고, '왕력'편에서는 우리 역사를 고구려·백제·신라·가야 네 나라 왕들의 기년(紀年)으로 정리했다.

부족하나마 이렇게 넓어진 역사 인식의 토대 위에서 우리 민족은 몽골 간섭기를 극복하고 조선을 개국할 수 있었다. 그 후 조선 초기의 권근은 『동국사략』에서 최치원의 그릇된 삼한 인식을 처음으로 지적했으나, 변한이 백제가 되고 마한이 고구려가 되었다는 인식 틀을 벗어나지는 못했다.

신라 중심 삼국 시대론의 허점을 처음 들춰낸 사람은 조선 중기의 한백겸이었다. 그는 『동국지리지』에서 우리 동방은 옛날부터 남북으로 갈라져서, 북쪽에서는 단군조선-기자조선-위만조선-사군(四郡)-이부(二府)-고구려로 전개되었고, 남쪽에서는 마한·진한·변한이 각각 백제·신라·가락으로 계승되었다고 했다. 올바른 지리 고증으로 그 동안 잊혀졌던 가락국, 즉 가야의 존재를 밝히고, 고대에 고구려·백제·신라·가야의 4국이 공존했다는 사실을 확인한 것이다.

한백겸의 이론은 그 후 많은 실학자들의 지지를 얻으며 확산되었다. 이수광은 『지봉유설』에서 우리 동방의 역사는 장구하여 단군이 1048년, 기자에서 마한까지가 1071년, 백제가 678년, 고구려가 705년, 신라가 992년, 가락국이 491년, 고려가 475년이라고 정리했다. 이는 우리 나라 역사의 흐름을 고조선-사국(고구려·백제·신라·가야)-고려로 정리하는 인식을 보여 준 것이다.

안정복은 『동사강목』에서 한나라 건무 18년(서기 42년)이 "가락국 시조 김수로 원년인데, 이 해 이후 대국(大國:고구려·백제·신라)이 셋이고 소국(小國:가야)이 하나로 모두 네 나라이다"라고 하여 사국 시대를 인정했다.

또 한치윤과 한진서는 『해동역사』에서 가야와 임나에 관한 모든 사서의 기록들을 종합하여 이를 서로간에 관련지어 이해하려고 했다. 그런가 하면 실학의 대가였던 정약용은 『강역고』에서 김해의 가락국이 가야 제국의 총왕(總王)이었으며, 가야는 해운을 잘 이용했으므로 같은 시대에 신라보다 훨씬 더 발달할 수 있었다고 하여 근대적인 가야사 연구의 단서를 열었다.

가야사의 종말을 알린 비석 _ 경상남도 창녕군 교상동 군청 뒤에 있는 신라 진흥왕 척경비. 561년 진흥왕이 대가야국을 치고 국경을 넘은 것을 기념하여 세운, 우리 나라에서 가장 오래된 비이다. 국보 33호.

『동사강목』에 수록된 삼국 초기도 _ 『동사강목』은 조선 후기의 실학자 안정복(安鼎福)이 단군조선부터 고려 말까지를 아울러 쓴 통사적인 역사책이다. 서술 체제는 편년체이나 주자의 『자치통감강목』 형식에 따라 강(綱)과 목(目)으로 서술한 실학기 대표적인 역사책이다. 삼국이 어떻게 형성되었는가를 다룬 이 지도 하단에 '가락(駕洛)'이란 명칭이 보인다.

가야사에 집중된 잘못된 생각들의 기원

고려 후기 이후 수백 년에 걸쳐 선조들의 역사 경험이 넓어지고 연구가 심화되면서 신라 중심적인 협소한 역사 인식은 수정되어 왔다. 그래서 이제 대부분의 역사 개설서에서는 우리 역사의 연원을 고조선부터 찾고 있고, 고구려의 건국 연대를 신라보다 높이 올려보고 있으며, 발해가 건국된 698년 이후의 역사를 남북국 시대라고 일컫고 있다. 그러나 가야사에 대해서만은 실학자들의 연구 동향을 계승하지 못하고, 오히려 '약한 나라', '작은 나라', 그리고 결정적으로는 수치스럽게도 '다른 나라의 통치를 받기만 하던 나라'로 생각하고 있다. 가야사에 대한 이러한 선입견은 어디서 나온 것일까?

가야사를 홀대하는 우리 교과서_
교육부에서 펴낸 『중학교 국사(상)』
교과서의 한 쪽. '삼국 시대'를 다루는
30여 쪽 가운데 가야가 소제목(가야 연맹)
으로라도 처리된 것은 이 쪽뿐이고
내용도 더 이상은 구체적으로 다루지 않았다.

실학자들의 올바른 연구 경향이 왜곡된 것은 일제 강점기를 전후하여 우리에게 강요된 식민 사학의 결과이다. 19세기 말부터 일제의 역사가들은 『일본서기』에 나오는 '진구〔神功〕 황후 삼한 정벌 설화'를 비롯한 여러 가지 왜곡된 사료들을 토대로 하여 이른바 '임나일본부설'을 주장했다. 이것은 369년부터 562년까지 약 200년 동안 고대 왜(倭) 정권이 가야 지역을 정벌하여 임나일본부를 설치하고 백제와 신라를 영향력 아래 두어 남한을 경영했다는 논리이다. 일제 시기에 그들이 우리에게 가르친 역사 교과서는 진구 황후와 왜 정권의 위대성을 선전할 뿐이었다.

국권을 되찾은 이후 교과서는 바뀌었으나, 가야사 부분은 거의 삭제되거나 극도로 축소되었다. 이는 그 동안 일제의 선전에 어느 정도 물들어 스스로 그것이 사실일지도 모른다는 열등감에 빠진 탓도 있었고, 또 우리 손에 의한 가야사 연구가 부족하여 그에 대한 대항 논리가 준비 안 된 탓도 있었다. 그래서 모두들 가야사에 대해서는 입을 다물고 모르는 척하면서 50년 넘게 흘렀다.

그러나 1970년대 이후 고고학이 발달하고 역사에 대한 이해가 증가하면서 가야의 풍부하고 수준 높은 유물들이 나타나기 시작했다. 때를 같이하여 일본에서는 일본의 고대 문명이 한반도 남부 가야 지역에서 건너온 기마 민족에 의하여 건설되었다는 설이 나오고, 북한에서는 가야와 삼국의 주민들이 일본 열도에 많은 소국들을 건설하여 본국과 주종 관계를 맺고 있었다는 설이 나왔다. 반면에 남한에서는 가야를 지배한 것은 일본이 아니라 백제였다는 해석이 나왔다. 남들이 먼저 인정해 주는 가야의 힘을 우리가 가장 의심하고 있는 것이다.

수십 년 간 가야 지역에서 발굴된 많은 유물 가운데 일본이나 백제의 지배를 생각할 수 있는 근거는 하나도 나오지 않았다. 오히려 풍부한 부와 기술, 특히 제철 능력에서 나오는 무력과 선진적인 토기 문화에서 가야 문화의 오랜 독자적인 성격을 확인할 수 있을 뿐이다.

'사국 시대'가 필요한 이유

가야는 문헌 기록에서 서기 42년에 건국하여 562년에 멸망했다고 나온다. 그러나 실제로는 신라와 마찬가지로 기원전 2세기 말~서기 1세기 초에 서북한 지역으로부터 철기와 회색 토기를 기반으로 하는 발달된 문화가 들어와 각각의 지역에서 가야 문화를 일으키기 시작했다.

그리하여 신라와 마찬가지로 2세기 중엽을 전후하여 소국이 형성되고, 3세기 들어와 김해를 중심으로 느슨한 연맹체를 조성했으며, 3세기 후반 이후로는 김해의 가락국이 좀더 강한 연맹체의 중심으로 대두하기 시작했다.

그 시기에 고구려와 백제는 낙랑군·대방군 등 중국 군현과의 대결 과정에서 더 빨리 성장하여 이미 중앙 집권적인 고대 국가로서 대외적인 정복 활동을 벌였다. 4세기 초에 고구려가 낙랑군과 대방군을 축출하고 백제와 국경을 접한 이후 두 나라는 서로 격렬한 싸움을 벌였다. 4세기 중·후반에는 백제가 우세를 차지했고, 4세기 말 이후로는 고구려가 대세를 주도했다. 그 동안 신라는 고구려의 영향을 받으며 성장했고, 가야는 백제와 연결하여 왜와의 중개 교역을 담당했다. 그러나 고구려와 백제 사이의 싸움이 신라와 가야에도 영향을 미쳐, 결국은 고구려의 직접적인 무력 개입으로 400년에 김해 가락국을 중심으로 한 전기 가야 연맹이 해체되고 말았다.

5세기 후반에 가야 연맹은 고령의 대가야를 중심으로 다시 부흥한 뒤 6세기 초까지 소백 산맥 서쪽의 호남 동부 지역까지 포괄하며 발전했다. 그러나 이 후기 가야 연맹은 체제 결성의 시기가 늦어서 중앙 집권화의 정도가 약했다. 6세기 중엽을 전후하여 고구려가 내분에 휩싸이며 약화되자, 신라와 백제가 경쟁적으로 가야를 흡수하려고 했다. 이때 신라는 532년 김해의 금관국을 병합함으로써 비로소 약소국에서 벗어났고, 562년 고령의 대가야국을 병합한 후로는 당당한 삼국의 일원으로 고구려·백제와 겨룰 수 있게 되었다.

그러므로 한국 고대 시기의 대부분은 고구려·백제라는 2강과 신라·가야라는 2약이 서로 뒤엉켜 세력 균형을 이루며 전개되었다. 가야를 포함한 사국 시대의 관념은 한국 고대사를 올바로 이해할 수 있는 관건이며, 임나일본부설의 망령을 당당하게 물리칠 수 있는 유일한 방안이다. 게다가 5세기 초에 전기 가야가 해체될 때에는 수많은 이주민이 일본 열도로 건너가 일본에 제철 기술과 단단한 도질 토기인 스에키[須惠器] 제작 기술을 전해 주기도 했으며, 일본 고대 문명은 거기에서 비롯되었다. 가야는 비록 완성되지 못하고 스러진 문명이지만, 한국 고대사의 수치가 아니라 자랑이며, 신라가 훗날 삼국 통일을 이룰 수 있게 해준 원동력인 것이다.

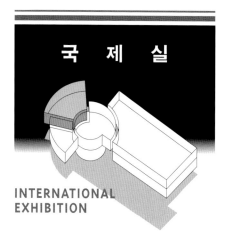

국제실

INTERNATIONAL EXHIBITION

고조선과 이웃했던 흉노, 고구려와 친했던 돌궐, 발해에 속해 살았던 말갈, 발해를 멸망시키고 고려와 싸웠던 거란……. 우리 역사에는 수없이 많은 유목민과 그들의 나라가 출몰하면서 우리 민족과 긴밀한 관계를 맺어 왔다. 우리가 근대화의 물결 속에서 유목 문화와의 접촉이 끊긴 채 살아온 시간은 역사 전체를 놓고 볼 때 촌각에 지나지 않는다. 오랫동안 우리의 가까운 이웃이었으면서도 지금은 잊혀져 간 동아시아 유목민의 계통과 역사를 살펴본다.

골인의 결혼 의례를 재현한 그림. 오른쪽 게르는
 신부를 맞이하는 신랑집이다. 가운데 앞쪽
 말 위에 앉아 있는 사람이 신부이다. 이처럼 신부
랑은 활과 화살을 휴대한 채 결혼식에 임한다.

유목민－한국사의 잊혀진 이웃

농경이 시작되기 전까지 모든 인류는 계절 따라 먹을 것을 찾아 이동하면서 살았다.

농경이 시작된 후에도 그러한 삶을 계속하는 사람들이 있었다. 스키타이·흉노·돌궐 같은 유목민이었다. 그들은 초원 지대에서 가재도구를 마차에 싣고 양·염소·말 등을 몰고 다니며 살았다. 그것은 자연을 정복하는 삶이 아니라 자연에 의지하는 삶이었다. 그러다가 자연 재해를 만나면 삶의 자원을 송두리째 잃기도 했다. 그럴 때면 그들은 말 머리를 돌려 정주(定住) 농경민의 역사에 불쑥 '약탈자'로 나타나곤 했다.

등자나 안장처럼 말 타는 데 사용하는 도구, 활동하기 편한 기마 복식, 활이나 칼 같은 무기류는 유목 생활에서 탄생한 이들의 발명품이었다. 그들은 비록 초원을 떠돌며 살았지만 일상 생활용품을 섬세하게 치장할 줄 알았던 멋쟁이들이었다. 그러한 유목민의 생활용품과 예술품은 농경 지대로 전파되어 정주민의 삶을 풍요롭게 하기도 했다.

유목민은 자연 속에서 단련된 만큼 잡초 같은 생명력을 지니고 있었다. 고구려·발해처럼 정주민 국가가 강력한 시기에는 그 나라에 복속해서 살아갔지만, 혼란기에는 몽골 제국처럼 강대국을 형성하여 정주민을 위협하고 지배했다. 그들은 늑대 같은 전투력과 말 위에서 생활하는 데서 오는 뛰어난 기동성을 가지고 있었다. 그것이 단시일 안에 세계적인 대제국을 건설하곤 했던 원동력이었다.

8~

| 위구르 왕국 | 744～840년

역사 _ 돌궐의 약화와 당나라의 내분으로
타 몽골 지역에 출현한 투르크계 나라. 당
조를 도와 난을 진압하는 등 친중국 정책
폈고, 국가 체제도 전통적인 부족장 협의
에서 점차 중국적인 군주 독재로 전환했

문화 _ 상업 활동에 뛰어나 동서 중계 무
을 활발히 추진했다. 이전의 유목 국가와
달리 수도와 군사적 요충지, 교역로에 도
을 세우고 도시 문화를 꽃피웠으며, 샤머
즘이 아닌 마니교를 국교로 정했다. 중국
서아시아 문화를 상당히 흡수하면서 장
농경 문화로 기우는 경향을 보였다.

우리와는? _ 발해는 거란도·영주도·
의 길' 같은 대외 간선로를 통해 위구르
교류했다. 발해의 국경을 위협했던 안
의 난을 진압하는 데 위구르가 기여한 간
적인 영향 외에 특별한 기록은 없다.

▲ **초원 위에 세운 유목민의 성** : 8세기 중엽 초원의 지배자로 등장한 위구르 왕국의 성이다. 위구르 왕국은 이전 유목 국가와는 달리 수도와 군사적 요충지,
그리고 교역의 요지에 성을 세우고 이곳을 중심으로 유목 도시 문화라고 할 수 있는 새로운 형태의 문화를 탄생시켰다.

★ 몽골의 전통 주거 게르 : 조립이 가능한 이동식 가옥. 뼈대는 나무, 겉은 펠트이다. 펠트의 흰색은 여름에 강렬한 햇빛을 막아 준다.

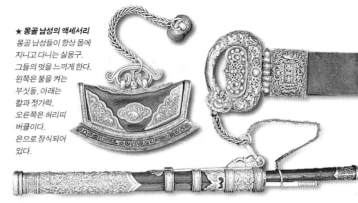

★ 몽골 남성의 액세서리
몽골 남성들이 항상 몸에 지니고 다니는 실용구. 그들의 멋을 느끼게 한다. 왼쪽은 불을 켜는 부싯돌, 아래는 칼과 젓가락, 오른쪽은 허리띠 버클이다. 은으로 장식되어 있다.

11세기

12세기

13세기 후반

17세기

| 거란족의 요 | 916~1125년

사 _최초의 본격적인 정복 왕조로서 요 〈나라 이름의 기원〉 상류에서 유목 생활 하던 몽골계 거란족의 나라였다. 8세기 반 당의 정치적 혼란과 위구르 왕조의 붕 괴를 틈타 성장했다.

화 _초기에는 유목 경제 체제였다가 유 생산 경제와 농경 사회를 혼합시킨 이중 조로 변했다. 중국식 연호와 국호를 선포 지만, 수도를 중국 본토로 옮기지 않은 채 북 지방을 통치했고, 거란 문자의 제작을 해 고유의 제도와 풍습을 보존하려는 노 을 기울였다.

리와는? _발해를 멸망시키고 그곳에 동 국을 세웠다. 고려와도 고구려 영토의 계 권을 놓고 충돌했으나, 서희 장군이 "이 으로 보아도 고려는 고구려의 적자"라고 여 거란을 물리친 일이 있다.

| 여진족의 금 | 1115~1234년

역사 _발해에 복속했던 말갈의 후예 여진족 이 세운 나라. 11세기 말 여러 부족을 통일한 뒤 요와 싸워 승리했다. 금의 건국으로 한족 (漢族)의 송나라는 강남으로 밀려가 남송이 되었다. 북경에 도읍한 최초의 정복 왕조.

문화 _영토의 확대와 더불어 부족 국가에서 중국식 중앙 집권 체제로 통치 체제를 바꾸었 다. 중국 본토 깊숙이 내려갔으나 급성장한 때 문인지 한족을 통치하는 데는 미숙함을 보였 다. 요와 달리 급속한 한화(漢化) 정책을 펼쳐 여진어와 여진 문자가 잊혀져 갔고 북송 문화 를 그대로 계승한 중국식 문화를 꽃피웠다.

우리와는? _여진족은 본래 고려에게 조공 을 바치며 영토를 구걸했으나, 요를 물리치고 급성장하자 처지가 바뀌었다. 거꾸로 고려가 금에 조공을 바치고 '신하의 나라'를 자처하 면서 침략을 모면했던 것이다.

| 몽골 제국과 원 | 1206~1368년

역사 _몽골족이 세운 역사상 유례없는 대제 국. 몽골족은 위구르 제국의 붕괴 뒤 몽골초 원으로 진출하면서 급성장했다. 유목 국가인 몽골 제국 시대(1206~1260)와 정복 국가 인 원 제국 시대(1260~1368)로 양분된다.

문화 _교통을 방해하던 국경이 없어지면서 동서 문물의 교류가 활발하게 일어나 유럽 르 네상스의 먼 원인이 되는 등 세계사에 지대한 영향을 미쳤다. 외국인 우대 정책을 취해 아라 비아와 투르크계 이슬람 상인의 동양 진출이 두드러졌다. 마르코폴로의 『동방견문록』도 이때 원나라에 머문 체험담이다.

우리와는? _몽골 제국의 문화적 개방성은 주목되지만 이 나라의 고려 침략은 우리에게 대몽골 항쟁과 주권 상실이라는 아픈 상처를 남겼다. 몽골의 지배가 우리 문화와 생활 양식 에 끼친 영향은 매우 컸다.

| 만주족의 청 | 1616~1912년

역사 _중국사의 마지막 왕조. 여진족의 후예 인 만주족이 한족과 몽골족을 지배하는 대제 국을 세웠다. '만주'는 이들이 문수보살을 신 봉한 데서 유래한 이름이라고 하며, 그 후 중 국 동북 지역을 가리키는 지명으로도 쓰였다.

문화 _청은 만주족의 풍습인 변발과 호복을 한족에게 강요함으로써 이를 청조에 복종하는 증거로 삼았다. 그러나 일반적으로는 원의 강경 일변도 통치와 달리 강압책과 회유책을 교묘히 섞어 사용했다. 수십만에 불과한 만주 족이 수억의 한족을 3백 년 가까이 통치한 것 은 그 체제의 견고함과 우수성을 말해 준다.

우리와는? _두 차례 조선을 정벌하여 호란 을 일으킨 주인공. 조선에서는 명이 멸망한 이 후 청이 오랑캐이므로 조선이 곧 '중화'라는 '소중화 의식'이 생겨났고, 이것은 우리 문화 에 대한 관심을 촉발시키는 계기가 되었다.

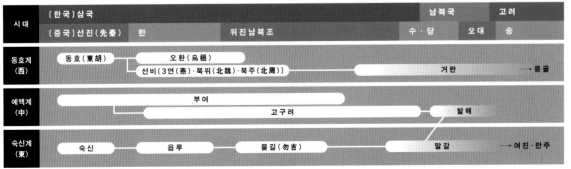

시대	[한국] 삼국				남북국		고려	
	[중국] 선진 (先秦)	한		위진남북조	수·당	오대	송	
동호계 (西)	동호 (東胡)	오환 (烏桓)						
		선비 [3연(燕)·북위(北魏)·북주(北周)]				거란		→ 몽골
예맥계 (中)	부여						발해	
	고구려							
숙신계 (東)	숙신	읍루	물길(勿吉)		말갈		→ 여진·만주	

고대 동북아시아에서 살고 있었던 사람들
부여, 고구려, 그리고 발해가 있었던 고대의 동아시아에서는 어떤 민족들이 살았을까? 여러 가지 다른 이름으로 불린 이들을 지역별로 구분하면 서쪽에는 동호계, 중부에는 예맥계, 동쪽에는 숙신계가 살고 있었다. 부여와 고구려·발해로 이어지는 우리 민족의 국가들은 동아시아 중부에서 살고 있던 예맥계에 속한다. 요를 세운 거란은 동호계에, 그리고 말갈과 여진·만주족은 숙신계이다. 이들은 모두 오랑캐로 불렸지만, 그것은 중국인의 눈으로 본 개념일 뿐이다. 이들은 유목·목축·농경을 하면서 각각 독자적인 문화를 이루고 있었다. 고대 동아시아에는 중국 문화만이 아니라 다원적인 문화권이 형성되어 있었던 것이다.

찾 아 보 기

발 해 · 가 야 생 활 관 도 서 실

一총류

· 고려대학교 민족문화연구원, 『한국민속문화대관』(CD-ROM), 나모 인터랙티브, 1998.
· 두산동아백과사전연구소, 『두산세계백과사전』, 두산동아, 1996.
· 중·고교 『국사』 교과서.
· 중·고교 『역사부도』.
· 中國歷史博物館, 『簡明中國文物辭典』, 福建人民出版社, 1991.
· 한국민족문화대백과사전 편찬부, 『한국민족문화대백과사전』,
   한국정신문화연구원, 1991.
· 한국민족사전 편찬위원회, 『한국민속대사전』, 한국사전연구사, 1997.
· 『世界の歷史』 시리즈, 朝日新聞社, 1989.

一통사 · 분야사

〈발해〉
· 고구려연구회, 『발해건국 1300주년』, 학연문화사, 1999.
· 국사편찬위원회, 『한국사』 10, 1996.
· 박시형 저, 송기호 해제, 『발해사』, 이론과실천, 1979.
· 박시형 외, 『발해사 연구를 위하여』, 천지출판, 2000.
· 『발해사 연구 1~』, 연변대학 출판사, 1993~ .
· 方學鳳 저, 朴相佾 편역, 『발해의 불교유적과 유물』, 서경문화사, 1998.
· 방학봉, 『발해사 연구』, 정음사, 1989.
· 『삼국지』 위서동이전.
· 上田雄 저, 최봉렬 역, 『발해의 수수께끼』, 교보문고, 1994.
· 서병국, 『발해 발해인』, 일념, 1990.
· 송기호, 『발해를 다시 본다』, 주류성, 1999.
· 송기호, 『발해를 찾아서』, 솔, 1993.
· 송기호, 『발해 정치사 연구』, 일조각, 1995.
· 王承禮 저, 송기호 역, 『발해의 역사』, 한림대 아시아문화연구소, 1988.
· 유득공 저, 송기호 역, 『발해고』, 홍익출판사, 2000.
· 임상선 편역, 『발해사의 이해』, 신서원, 1999.
· 임상선, 『발해의 지배세력 연구』, 신서원, 1999.
· 한규철, 『발해의 대외관계사-남북국의 형성과 전개』, 신서원, 1995.
· 홍호(洪皓), 『송막기문(松漠紀聞)』, 1156.
· 김민지, 『발해(698~926)의 服飾에 關한 硏究』, 서울대학교 박사학위 논문, 1993.
· E. V. Shavkunov 저, 송기호 역, 「연해주에서 출토된 발해의 청동제 부절(符節)」,
   『한국 고대사 논총』, 한국고대사회연구소, 1992.
· E. V. Shavkunov 저, 송기호·정석배 역, 『러시아 연해주와 발해 역사』, 민음사, 1996.

〈가야〉
· 김병모, 『김수로 왕비의 혼인길』, 푸른숲, 1999.
· 김태식, 『가야 연맹사』, 일조각, 1993.
· 최종규, 『삼한 고고학 연구』, 서경문화사, 1995.
· 포항종합제철기술연구소, 『가야의 제철 공정과 기술발전』,
   포항종합제철주식회사, 1986.
· 한국고대사연구회 편, 『삼한의 사회와 문화』, 신서원, 1995.
· 田中俊明, 『大加耶連盟の興亡と「任那」』, 吉川弘文館, 1992.
· 西嶋定生, 『邪馬台國と倭國』, 吉川弘文館, 1994.

· 권주현, 「'고자국' 의 역사적 전개와 그 문화」, 『가야각국사의 재구성』, 혜안, 2001.
· 김세기, 「가야의 문화」, 『가야문화도록』, 경상북도, 1998.
· 김세기, 「가야의 순장과 왕권」, 『가야제국의 왕권』, 신서원, 1997.
· 김태식, 「임나일본부 문제의 연구 현황과 전망」, 『가라문화』 8, 1990.
· 김태식, 「광개토왕릉비문의 임나가라와 '안라인 수병' 」, 『한국고대사논총』 6,
   가락국사적개발연구원, 1994.
· 김태식, 「가락국기 소재 허왕후 설화의 성격」, 『한국사 연구』 102, 한국사연구회, 1998.
· 김태식, 「김해 수로왕릉과 허왕후릉의 보수 과정 검토」, 『한국사론』 41·42,
   서울대학교 국사학과, 1999.
· 김태식, 「가야 연맹체의 부체제 성립 여부에 대한 소론」, 『한국고대사연구』 17,
   서경문화사, 2000.
· 김태식, 「가야 연맹체의 성격 재론」, 『한국고대사논총』 10,
   가락국사적개발연구원, 2000.
· 김태식, 「후기 가야 연맹체의 성립과 발전」, 『한국 고대사 속의 가야』, 혜안, 2001.
· 노중국, 「가야의 정치」, 『가야문화도록』, 경상북도, 1998.
· 박천수, 「정치체의 상호 관계로 본 대가야 왕권」, 『가야제국의 왕권』, 신서원, 1997.
· 이영식, 「가야제국의 왕권에 대하여」, 『가야제국의 왕권』, 신서원, 1997.
· 이영식, 「문헌으로 본 가락국사」, 『가야 각국사의 재구성』, 혜안, 2001.
· 이한상, 「대가야권 장신구의 편년과 분포」, 『한국고대사연구』 18,
   한국고대사학회, 2000.
· 주보돈, 「가야와 가야사」, 『가야문화도록』, 경상북도, 1998.
· 함순섭, 「소창 Collection 금제 대관의 제작 기법과 그 계통」, 『고대연구』 5,
   고대연구회, 1997.

〈가상체험실 · 국제실〉
· 르네 그루쎄 저, 김호동·유원수·정재훈 역, 『유라시아 유목제국사』,
   사계절출판사, 1998.
· 부산경남역사연구소 편, 『시민을 위한 가야사』, 집문당, 1996.
· 申採湜, 『東洋史槪論』, 삼영사, 1993.
· 이현혜, 『삼한 사회 형성 과정 연구』, 일조각, 1984.
· 이현혜, 『한국 고대의 생산과 교역』, 일조각, 1998.
· 인제대학교 가야문화사연구 편, 『가야제국의 철』, 신서원, 1995.
· 정수일, 『고대문명교류사』, 사계절출판사, 2001.
· 윤종균, 『고대 철 생산에 대한 일고찰』, 전남대학교 사학과 석사학위 논문, 1998.

一도록 · 보고서

· KBS 역사스페셜, 가야 갑옷의 비밀.
· 경기도박물관, 『몽골 유목 문화』, 1999.
· 국립경주박물관 도록, 2001.
· 국립김해박물관, 『가야의 그릇받침』, 1999.
· 국립문화재연구소, 『광개토대왕릉비 탁본 도록』, 1996.
· 국립민속박물관 도록, 1993.
· 국립중앙박물관 도록, 1997.
· 국립중앙박물관, 『스키타이 황금』, 조선일보사, 1991.
· 국립중앙박물관, 『한국 고대의 토기』, 1997.
· 국립중앙박물관, 『신비의 고대 왕국 가야 특별전』, 1991.

· 국립중앙박물관, 『고고 유물로 본 한국고대 국가의 형성』, 1998.
· 국립청주박물관, 『한국 고대의 문자와 기호 유물』, 통천문화사, 2000.
· 국립청주박물관, 『철의 역사』, 1997.
· 김길빈, 『우리 민속 도감』, 예림당, 1999.
· 김남석, 『우리 문화재 도감』, 예림당, 1998.
· 『돈황』, 예경, 1994.
· 롯데월드 민속박물관 도록, 1990.
· 부산광역시립박물관 복천분관, 『복천동 고분군』, 1996.
· 부산복천박물관, 『古代戰士』, 1999.
· 새천년 특별전, 『겨레와 함께 한 쌀』, 국립중앙박물관, 2000.
· 장정덕, 『(발해 건국 1300주년 기념) 발해를 찾아서』, 전쟁기념관, 1998.
· 『소선유직유물도감』10, 동광출판사, 1990.
· 최몽룡, 『서울大 博物館所藏 渤海遺物』, 서울 大學校 博物館, 1998.
· 한국고대사연구회, 『가야문화도록』, 경상북도, 1998.
· 『한국복식2000년』, 국립민속박물관, 1997.
· 伊東信雄·末永雅雄, 『甲の系譜』, 雄山閣出版株式會社, 1979.
· 『モンゴル曼荼羅』1-4, 新人物往來社, 1988~1990.
· 東京國立博物館, 『伽倻文化展』, 朝日新聞社, 1992.
· 福岡縣教育委員會, 『邪馬台國への道のり』, アジア文明交流展實行委員會, 1993.
· 國立歷史民俗博物館, 『倭國亂る』, 朝日新聞社, 1996.
· 『大唐王朝の華 – 都·長安の女性たち』, 朝日新聞社, 1996~1997.
· 古田武彦, 『古代史60の證言』, かたりべ文庫, 1991.
· 松原三郎, 『中國の美術①彫刻』, 淡交社, 1982.
· 內蒙古自治區博物館, 『中國內蒙古北方騎馬民族文物展』, 日本經濟新聞社, 1984.
· 周迅·高春明, 『中國古代服飾大觀』, 重庚出版社, 1995.
· 成東鐘, 『中國古代兵器圖集』, 解放軍出版社, 1990.

자 료 제 공 및 출 처

—글

민족사의 흐름 속에서 본 발해와 가야_송호정 / 발해실_강응천 / 가야실_함순섭 / 가상체험실_편집부(특별자문·이남규, 세연 철박물관, 국립청주박물관) / 특강실 1_송기호 / 특강실 2_김태식 / 국제실_편집부(특별자문·김호동) / 최종교열_강응천

—사진

표지 가야의 수레 모양 토기_국립김해박물관 / **10~11** 영순 태씨 사람들_손승현 / **12** 오성홍기_손승현 / **13** 러시아 처녀_마동욱 / **14~15** 영승 유적·동모산_손승현 / **16** 상경성 터_손승현 / **17** 발해 유적 발굴 장면·상경성 유적지 표지비_송기호 / **18** 리계용·강동 24개석_손승현 / **19** 석등_손승현 / **20~21** 북한·중국 국경_손승현 / **22~23** 항공 사진_송기호 / **24** 니콜라예프카 성터_송기호, 청동 부절_송기호 / **25** 섭리계의 얼굴일까_송기호 / **26** 소그드인의 화폐·집자리·항아리_송기호 / **27** 발해의 십자가_송기호, 미타호의 붕어_손승현 / **28** 동모산_송기호 / **29** 금동판_송기호 / **30** 고분 벽화_『중국변강민족지구문물집체』 / **31** 발해기와_송기호, 정효 공주 묘비_『중국변강민족지구문물집체』 / **32** 상경성_『조선유직유물도감』10권 / **33** 자배기·질솥교_송기호, 쌀_손승현 / **34~36** 일괄_송기호 / **37** 십자가무늬 장식·성모 마리아상_숭실대박물관, 비석_송기호 / **38** 발해 관리의 얼굴·벼루_송기호 / **39** 비문·발해삼채_송기호 / **40** 아야기리_하야시 요이치, 비파·공후_손승현·서울대박물관, 박_『민족문화대백과사전』 / **41** 화폐·항구·문서_송기호 / **42** 발해의 오늘_손승현 / **43** 『조선족 민간 고사선』_편집부, 발해의 별_송기호, 사당_손승현, 샤프쿠노프_송기호 / **46** 기마인물형 토기_국립경주박물관 / **47~49** 일괄_손승현 / **50** 시루_국립김해박물관 / **51** 그릇 속의 생선 한토막_계명대박물관, 굽다리 접시_국립김해박물관, 문신_『스키타이 황금』(국립중앙박물관,1991) / **52** 이층 다락집_호암박물관, 갯마을의 집자리_동아대박물관, 편두 여인_ANCINT EGYPT (Hamlyn, 1992) / **53** 가야인의 신발_부산시립박물관, 네개의 토기_부산복천박물관, 유골_부산대학교박물관 / **55** 주조 철부(왼쪽)_『다호리 보고서』, 『고고학지』 1집, 판상 철부(가운데)·봉상 철부(오른쪽)_국립김해박물관, 오수전_『다호리 보고서』 『고고학지』 1집 / **57** 도장_『倭國亂る』(朝日新聞社,1996), 청동 세발솥_국립중앙박물관, 금박 입힌 구슬_국립김해박물관, 방패장식_국립중앙박물관, 띠뱃놀이굿_하효길 / **58** 청동 말 방울·목걸이·새 무늬 청동 장식_국립김해박물관, 귀걸이_국립중앙박물관, 금판_함순섭 / **59** 말 안장 가리개 장식_국립중앙박물관, 새 모양 토기·깃대장식·수레 바퀴 장식 토기·그릇받침·토기 뚜껑_국립김해박물관 / **60** 가야의 배_호암박물관, 가야의 갑옷·말 머리 가리개_국립김해박물관 / **61** 부산 지역 문화상의 변화(왼쪽 위부터): 무개고배_동의대학교박물관, 노형토기·통형기대_국립중앙박물관, 무개고배_『가야문화도록』(경상북도, 1998), 단경호·노형기대_국립중앙박물관, 통형기대_국립김해박물관, 유개고배_경성대학교박물관, 발형기대·통형기대_국립김해박물관, 유개고배_부산복천박물관, 단경호·노형기대_국립김해박물관, 고배_국립중앙박물관, 발형기대_부산복천박물관, 통형기대_국립김해박물관, 유개고배·발형기대_국립중앙박물관, 통형기대_국립김해박물관, 고배·발형기대·통형기대_부산복천박물관, 유개고배_국립중앙박물관, 발형기대·통형기대_국립김해박물관, 스에키 토기_『가야문화도록』(경상북도, 1998) · 오사카문화재센터 / **62** 금관_호암박물관, 토기_국립중앙박물관 / **63** 가야 대왕의 무덤_경북대박물관, 투구_국립김해박물관, 환두대도_국립중앙박물관, 안라국 지배자의 무덤_창원 문화재 연구소 / **66** 판갑옷과 투구_국립중앙박물관 / 철광석_세연철박물관 / **69** 거푸집_국립경주박물관, 주조철부_부산대박물관 / **70** 집게_국립김해박물관(왼쪽)·부산대박물관(가운데·오른쪽), 숫돌_부산대박물관, 망치_부산대박물관 / **72** 가야의 무기들_부산복천박물관 / **77** 불상_송기호 / **79** 창녕 척경비_김태식 / **82** 유목민의 성_『寺院建築』(新人物往來社, 1990) / **83** 사슴 모양의 방패 장식판·날개 달린 사자와 말의 투쟁_『스키타이 황금』(국립중앙박물관,1991), 흉노 시대의 직물_『美術工藝』(新人物往來社, 1988) / **84** 위구르 문자비_『佛像彫刻』(新人物往來社, 1990), 금관_『스키타이 황금』(국립중앙박물관,1991) / **85** 게르_『寺院建築』(新人物往來社, 1990), 몽골 남성의 액세서리_『美術工藝』(新人物往來社, 1988)

—그림

3 전시실 디자인_김도희 / **26~27** 들판 위의 사냥꾼_이원우 / **27** 발해의 특산물_이원우 / **28~29** 발해의 성_이선희 / **30~31** 정효 공주 무덤_이선희 / **31** 시위_이혜원 / **32~33** 격구_이원우 / **50~51** 예안리 마을_백남원 / **52** 편두 여인_이혜원 / **54~55** 가락국 국읍_백남원 / **56** 사신맞이 장면_백남원 / **66~71** 철기 공방_이진 / **71** 갑옷 선 그림_김경진 / **72~73** 무장한 가야 전사 컬렉션_이혜원 / **81** 카툰_이은홍
· 어시스트 디자인_김경진

※ 한국생활사박물관 편찬위원회는 이 책에 실린 모든 자료의 출처를 찾기 위해 최선을 다했습니다. 누락이나 착오가 있으면 다음 쇄를 찍을 때 꼭 수정하도록 하겠습니다.

한국생활사박물관 06 「발해·가야생활관」

2002년 2월 5일 1판 1쇄
2021년 3월 5일 1판 12쇄

지은이 : 한국생활사박물관 편찬위원회

출력 : 블루엔
인쇄 : 삼성문화인쇄
제책 : 책다움
마케팅 : 이병규·양현범·이장열
홍보 : 조민희·강효원

펴낸이 : 강맑실
펴낸곳 : (주)사계절출판사
등록 : 제406-2003-034호
주소 : (우)10881 경기도 파주시 회동길 252
전화 : 031)955-8588, 8558
전송 : 마케팅부 031)955-8595 편집부 031)955-8596
홈페이지 : www.sakyejul.net 전자우편 : skj@sakyejul.com
블로그 : skjmail.blog.me
페이스북 : facebook.com/sakyejul
트위터 : twitter.com/sakyejul

저작권자와 맺은 협약에 따라 인지를 생략합니다.

값은 뒤표지에 적혀 있습니다.
잘못 만든 책은 구입하신 서점에서 바꾸어 드립니다.
사계절출판사는 성장의 의미를 생각합니다.
사계절출판사는 독자 여러분의 의견에 늘 귀 기울이고 있습니다.
이 책은 저작권법에 따라 보호받는 저작물이므로 무단전재와 무단복제를 금합니다 .

ISBN 978-89-7196-686-0
ISBN 978-89-7196-680-8(세트)